Vor mehr als 240 Millionen Jahren begannen Dinosaurier, die Erde zu durchstreifen. Seitdem gab es viele verschiedene Arten von Dinos.

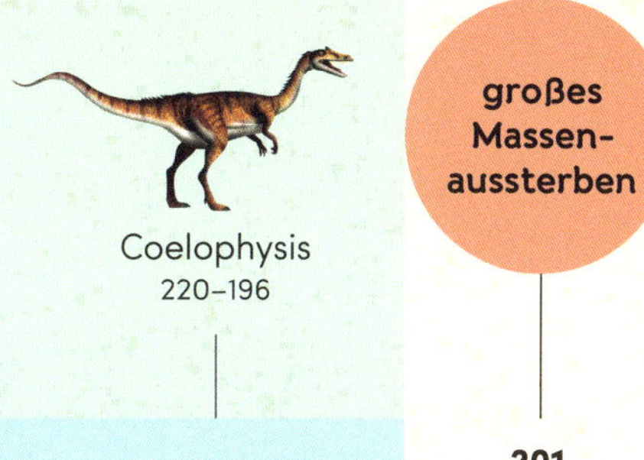

großes Massen-aussterben 201

AS 247–237

OBERTRIAS 237–201

MESOZOIKUM

kleineres Massen-aussterben 145

OBERJURA 164–145

MESOZOIKUM

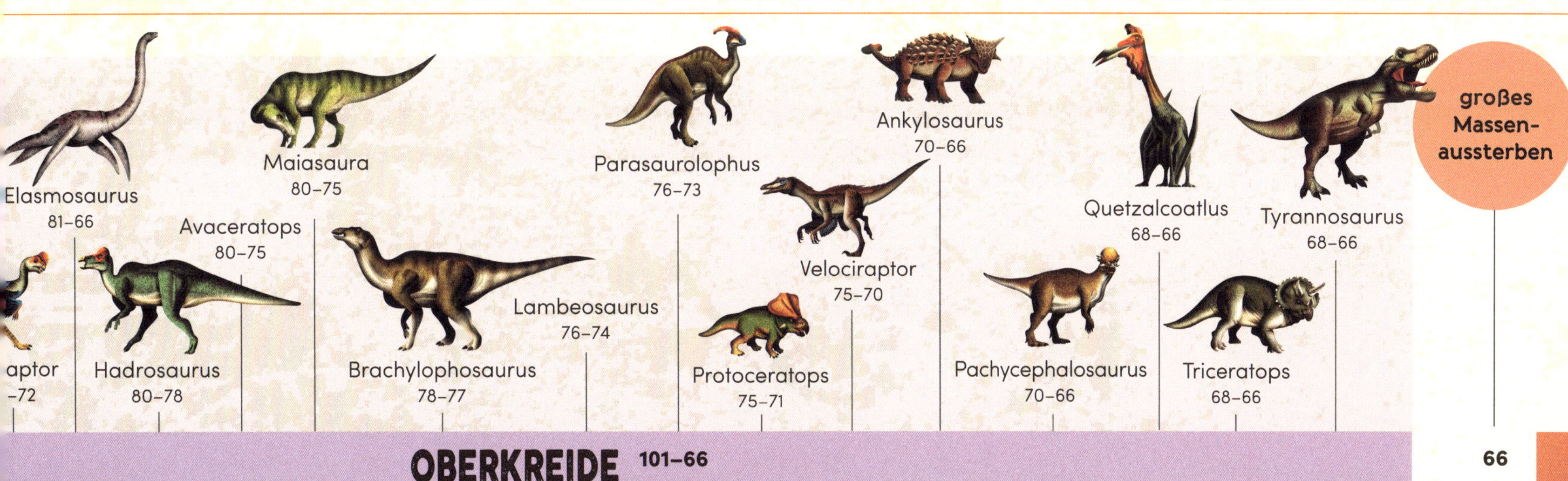

großes Massen-aussterben 66

OBERKREIDE 101–66

MESOZOIKUM

PALÄOGEN

NEUZEIT

HEUTE

Die Abbildungen der Dinosaurier sind nicht maßstabsgetreu.

Caroline und Michael Carroll
Jesús Sotés (Illustration)

ALS GOTT DIE DINOSAURIER SCHUF

Deutsch von Lydia Riess

SCM

SCM

Stiftung Christliche Medien

SCM ist ein Imprint der SCM Verlagsgruppe, die zur Stiftung Christliche Medien gehört, einer gemeinnützigen Stiftung, die sich für die Förderung und Verbreitung christlicher Bücher, Zeitschriften, Filme und Musik einsetzt.

Max-Eyth-Straße 41 · 71088 Holzgerlingen
Internet: www.scm-verlag.de; E-Mail: info@scm-verlag.de

Illustrationen: Jesús Sotés
Satz: Katrin Schäder, Velbert
Lektorat: Christiane Kathmann, Karlsruhe
Druck und Verarbeitung: Grafisches Centrum Cuno GmbH & Co. KG
Gedruckt in Deutschland

ISBN 978-3-417-28984-8
Bestell-Nr. 228.984

VORBEMERKUNG

Es ist uns wichtig, dass auch Kinder, denen das Lesen noch schwerfällt, Freude an diesem Buch haben. Deshalb bemühen wir uns um leicht lesbare Formulierungen. An einigen Stellen berichten wir von Menschen, die in der Wissenschaft arbeiten, speziell in der Paläontologie. Wenn wir sie zusammenfassend „Wissenschaftler" und „Paläontologen" nennen, meinen wir damit sowohl Frauen als auch Männer.

„Als Gott die Dinosaurier schuf" erschien zuerst auf Englisch unter dem Titel „God Made the Dinosaurs". Es wurde in Zusammenarbeit mit dem Faraday Institute for Science and Religion entwickelt, einem interdisziplinären Forschungs- und Kommunikationsunternehmen, das mit der University of Cambridge verbunden ist. Herzlichen Dank an Steph Bryant, Lizzie Henderson, Naomi Brehm und Cara Parrett für ihre Unterstützung.

Dieses Buch ist Arthur Michael Carroll gewidmet.

INHALT

FLEISCH-, PFLANZEN- ODER FISCHFRESSER?

Halte Ausschau nach diesen Symbolen, um herauszufinden, ob ein Dinosaurier Fleisch, Pflanzen, Fisch oder alles Mögliche gefressen hat.

- **FLEISCHFRESSER**
- **PFLANZENFRESSER**
- **FISCHFRESSER**
- **ALLESFRESSER** Frisst neben Fleisch oder Fisch auch Pflanzen

DINOSAURIER: EIN WUNDERBARER TEIL VON GOTTES SCHÖPFUNG!

Die Welt hat sich im Laufe ihrer langen Geschichte sehr verändert. Kontinente sind zusammengestoßen und haben sich voneinander getrennt, Ozeane sind entstanden und Millionen verschiedener Pflanzen- und Tierarten.

Als die Dinosaurier noch auf der Erde umherstreiften, war das Meer voller Reptilien mit riesigen Zähnen, die gepanzerte Fische jagten. Der Himmel wimmelte von großen fliegenden Reptilien, die wie Drachen durch die Wolken glitten. Das Land wurde von vielen verschiedenen Arten von Dinosauriern beherrscht, darunter die größten Kreaturen, die es jemals gegeben hat!

GRANDIOSE DINOSAURIER, GRANDIOSER GOTT

Diese faszinierenden Kreaturen wurden alle durch dieselben wundersamen Prozesse von Gott gemacht, mit denen er auch den Rest des Universums geschaffen hat. Sie lebten vor langer, langer Zeit, aber ihre Fossilien (Überreste, die im Stein **konserviert** geblieben sind) sagen uns viel darüber, wie die Welt vor der Zeit der Menschen war. Mehr noch, sie erzählen uns von Gottes Macht, Liebe, Geduld und Kreativität. Wenn wir die Natur erforschen, lernen wir mehr über Gott, der alles gemacht hat.

Er hat kleine, flinke und riesige, schwerfällige Dinosaurier gemacht. Er hat gestreifte und gepunktete Dinosaurier und andere mit Federn oder Hörnern gemacht. Sie alle zeigen uns, wie fantasievoll Gott ist!

Die Erde und alles, was darauf ist, gehört dem Herrn. Die Welt und die Menschen sind sein.
Psalm 24,1

DINOSAURIER UND DIE BIBEL

Die **Bibel** erzählt, dass Gott alles im Universum gemacht hat und sich immer noch darum kümmert. Aber ganz viele spannende Dinge, die wir durch die Wissenschaft kennen, vom **Urknall** bis hin zu Koalas und Kängurus, werden nicht erwähnt – auch die Dinosaurier nicht (im Gegensatz zu den Vögeln, siehe Seite 21). Das liegt daran, dass die Bibel nicht geschrieben wurde, um als wissenschaftliches Fachbuch zu dienen oder um alle Dinge aufzulisten, die Gott gemacht hat.

WOFÜR IST DIE BIBEL DA?

Die Menschen, die die verschiedenen Teile der Bibel geschrieben haben, sprechen auf ganz verschiedene Weise über Gott als Schöpfer. Aber sie konzentrierten sich darauf, *warum* er alles geschaffen hat, nicht *wie*. Die Bibel hilft uns, wenn wir uns mit den großen Fragen des Lebens beschäftigen: wer Gott ist, wer wir sind und was der Sinn unserer Welt ist. Viele Christen sehen Wissenschaft als wunderbares Geschenk von Gott, das uns dabei hilft, unsere großen Fragen zu erforschen – zum Beispiel, wie Gott alles gemacht hat.

DINOSAURIER ENTDECKEN

Schon lange verwenden Menschen die Wissenschaft, um etwas über die Dinosaurier zu lernen, aber es gibt immer noch viele Geheimnisse zu erforschen. Die Wissenschaft hilft uns, zu entdecken, wie alles in unserer Welt funktioniert. Dabei lernen wir manchmal, dass die Dinge in Gottes großartigem Universum ganz anders, viel komplizierter oder um einiges spannender sind, als wir gedacht haben!

FRÜHES LEBEN AUF DER ERDE

Die Erde wurde vor ungefähr 4,6 Milliarden Jahren aus Weltraumgestein geformt. Große Gesteinsbrocken krachten ineinander, verbanden sich und gerieten in eine Umlaufbahn um die Sonne. Wissenschaftler nehmen an, dass es seit ungefähr 3,6 Milliarden Jahren Leben auf der Erde gibt.

Am Anfang waren alle Lebewesen nur winzige einzellige **Organismen,** so ähnlich wie **Bakterien.** Aber im Laufe der Zeit hat sich eine unglaubliche Vielfalt an Leben entwickelt – von riesigen und bunten Tieren bis hin zu winzigen und manchmal sogar durchsichtigen Lebensformen. Was für eine fantasievolle **Schöpfung!**

WAS HEIẞT EIGENTLICH EVOLUTION?

Evolution bedeutet „Veränderung mit der Zeit". Viele Menschen, unter anderem der berühmte Charles Darwin, haben Entdeckungen gemacht, die uns dabei helfen, zu verstehen, wie Lebewesen immer vielfältiger geworden sind. Die sogenannte „Evolutionstheorie" ist die momentan beste wissenschaftliche Vorstellung davon, wie dieser von Gott geschaffene Prozess ausgesehen haben könnte.

KLEINE VERÄNDERUNGEN

Veränderungen passieren, weil alles Lebendige ein bisschen anders ist als seine Eltern. Manchmal sind solche kleinen Veränderungen sehr nützlich. Sie können dafür sorgen, dass ein Lebewesen einfacher Futter findet oder sich besser vor **Raubtieren** verstecken kann. Wenn diese Eigenschaften dem Lebewesen helfen, mehr Kinder als andere zu bekommen, werden die Eigenschaften an die nächste Generation weitergegeben. Nach vielen **Generationen** werden diese vielen kleinen Veränderungen gemeinsam zu großen Veränderungen, die zu verschiedenen Formen, Größen, Farben und schließlich zu neuen Arten führen.

EINE RIESIGE, KOMPLIZIERTE FAMILIE

Damit wir diese riesige Familie von Lebewesen besser erforschen können, teilen wir sie in verschiedene Gruppen auf. Die Lebewesen innerhalb einer Gruppe sind näher miteinander verwandt als mit allen Lebewesen außerhalb dieser Gruppe.

ART

Der Name, den wir für die unterste Gruppe verwenden, ist „Art". Du kannst dir diese Gruppe als Blatt am Stammbaum der Lebewesen vorstellen. „Art" meint eine Gruppe von Lebewesen, die so nah miteinander verwandt sind, dass sie zusammen gesunde Kinder haben können.

GATTUNG

Die Gruppe darüber wird „Gattung" genannt. Damit ist eine Sammlung von nah verwandten Arten gemeint, die bestimmte Dinge gemeinsam haben. Sie sitzen zusammen auf dem Stammbaum der Lebewesen, wie Blätter, die am selben Zweig wachsen.

Beim *Tyrannosaurus Rex* ist „Tyrannosaurus" der Name der Gattung und „Rex" ist der Name der Art.

STAMMBAUM DER LEBEWESEN

Die Gruppe „Dinosaurier" enthält Tausende von verschiedenen Gattungs- und Artengruppen – wie ein großer Ast mit vielen Blättern. Die Gruppe der Dinosaurier steht neben anderen großen Gruppen, wie den Säugetieren, den Insekten und den Amphibien. Diese alle sitzen gemeinsam in einer noch größeren Gruppe zusammen: der Gruppe der Tiere. Trotzdem sind auch die Tiere nur ein kleiner Teil von Gottes erstaunlichem Stammbaum der Lebewesen.

Wie hat Gott nun die Dinosaurier gemacht? Viele Christen glauben, dass Gott jedes einzelne Lebewesen durch den Prozess der Evolution geschaffen hat. Das gilt auch für die Dinosaurier!

DINO-FUNDE

Auf der ganzen Welt graben Wissenschaftler namens Paläontologen nach Fossilien und erforschen sie. Ihre Entdeckungen zeigen uns viele spannende Dinge über die Dinosaurier. Jeden Tag finden sie mehr heraus.

SCHICHTEN

Ganz tief im Inneren ist die Erde sehr heiß und flüssig. Aber die Oberfläche der Erde besteht aus Gesteinsschichten.

Diese Schichten erzählen uns die Geschichte der Erde. Jeder Zeitraum, der sich in den Gesteinsschichten zeigt, hat einen eigenen Namen. Die meisten Dinosaurier lebten in einem sehr langen Zeitraum namens Mesozoikum, der in drei kürzere Abschnitte eingeteilt werden kann: die Trias, den Jura und die Kreidezeit, die vor 66 Millionen Jahren endete. So eine ferne Vergangenheit ist schwer vorzustellen, aber Gott war da und freute sich über die Dinosaurier.

Jesus war da, noch bevor alles andere begann, und er hält die ganze Schöpfung zusammen.
Kolosser 1,17

WIE ENTSTEHEN FOSSILIEN?

Fossilien sind die Überreste oder Spuren von Lebewesen und Pflanzen, die sich über Millionen von Jahren in Stein verwandelt haben.

Die meisten Fossilien entstehen, wenn ein Lebewesen stirbt und schnell unter etwas vergraben wird – durch einen Erdrutsch, eine Wasserflut oder in einem See. Die weichen Teile, das Fleisch, verwesen oder werden von Aasfressern gefressen, aber die harten Teile bleiben erhalten. Deshalb finden wir Knochen, Zähne, Schalen und Klauen als Fossilien. Die Überreste des Lebewesens werden nach und nach von Schichten aus Schlamm und Sand bedeckt, die schließlich durch Druck und chemische Reaktionen zu Sedimentgestein werden. Im Laufe der Zeit löst Wasser die Überreste auf und ersetzt sie nach und nach durch Mineralien, sodass eine Steinkopie entsteht – ein Fossil.

Besondere Umstände führen zu ungewöhnlichen Fossilien. Manchmal trocknen Lebewesen aus wie ägyptische Mumien, bevor sie vergraben werden, sodass auch Haut oder andere Weichteile versteinern. Ganz selten bleiben sogar Originalteile erhalten. Dadurch können Leute wie Dr. Mary Schweitzer (siehe Seite 33) sogar erforschen, wie die Weichteile mancher Dinosaurier ausgesehen haben.

VERSTEINERTE SPUREN

Auch Spuren können zu Fossilien werden, wie Fußspuren oder Dung (genannt Koprolith). Diese „versteinerten Spuren" erzählen uns etwas darüber, was diese Lebewesen gefressen haben, wie sie gelaufen sind oder wie schwer sie waren.

EIN BLICK IN DIE VERGANGENHEIT

Fossilien sind wie eine Zeitmaschine. Sie helfen uns, etwas über erstaunliche Lebewesen zu lernen, die vor langer Zeit gelebt haben. Eines Tages könntest du auch ein Paläontologe oder eine Paläontologin sein und die Fossilien der früheren Lebewesen in der Schöpfung erforschen!

URALTE FUßSPUREN

Ein paar sehr beeindruckende versteinerte Fußspuren haben Paläontologen dabei geholfen, mehr über die Dinosaurier und die Orte zu erfahren, an denen sie lebten.

„DINOSAURIERINSEL"

Dinosaurierknochen werden auf der ganzen Welt gefunden, sogar in der Antarktis. Aber manche Stellen waren anscheinend besonders gut für Fossilien geeignet, zum Beispiel die schottische Insel Skye (auch „Dinosaurierinsel" genannt).

Während des Mesozoikums gab es auf der Insel warme, flache Seen, Lagunen und feuchte Farnwälder. Viele Dinosaurier ließen hier ganze Reihen von Fußspuren im Schlamm zurück, die schließlich zu Stein wurden. Diese Spuren verraten uns eine ganze Menge, besonders über die größten Dinosaurier, die es je gab.

Es ist unglaublich, dass wir Jahrmillionen alten Fußspuren von Dinosauriern folgen können.

DR. STEVE BRUSATTE

Dr. Steve Brusatte, ein Christ und Paläontologe an der Universität von Edinburgh, liebte Dinosaurier schon immer. Er und andere Wissenschaftler fanden eine Spurenreihe auf der Insel Skye in einem Bereich, der früher mal eine Lagune war. Diese Spuren stammten von Sauropoden (siehe Seite 44) – riesige Dinosaurier mit langen Hälsen, so groß wie zwei oder drei Elefanten. Kannst du dir das vorstellen?

EDWARD HITCHCOCK

Um das Jahr 1800 suchte der Pastor und **Geologe** Edward Hitchcock in Amerika nach Orten, wo er nach Kohle graben konnte. Dabei fand er Tausende fremdartiger Spuren. Wegen ihrer Form dachte er, sie würden von „riesigen flugunfähigen Vögeln" stammen. Wir wissen inzwischen, dass unsere heutigen Vögel direkte Nachfahren der Dinosaurier sind (siehe Seite 21). Edward lag also gar nicht so falsch.

FUßSPUREN IN TEXAS

Manchmal machen wir lustige Fehler, wenn wir versuchen, mehr über Gottes Welt zu lernen.

In Texas in den USA gibt es lange Reihen von Fußspuren, die von einer Herde Sauropoden hinterlassen wurden. Daneben sind kleinere Fußabdrücke. Einige sehen ein bisschen aus wie Fußspuren von Menschen. Deshalb dachten manche Leute, dass Dinosaurier gleichzeitig mit Menschen gelebt haben. Dr. Berney Neufeld, ein Christ und Geologe, war sich da nicht so sicher. Er folgte den Spuren viele Kilometer weit. Je weiter er kam, desto deutlicher wurden die Spuren. Nun konnte er erkennen, dass die kleinen Fußspuren nur drei Zehen hatten, wie die von fleischfressenden Dinosauriern. Menschen und Dinosaurier haben nie zur gleichen Zeit gelebt.

Menschen haben schon vor langer Zeit Hinweise auf die Dinosaurier entdeckt. Oft fanden sie diese Hinweise einfach deshalb, weil sie neugierig waren!

MARY ANN MANTELLS LEGUANZAHN

Mary Ann Mantell lebte um 1800. Sie liebte Steine – ihre spannenden Formen und Muster und die geheimnisvollen Fossilien, die manchmal darin zu finden waren. Ihr Ehemann Gideon war Geologe (und Arzt) und teilte Mary Anns Liebe zu Steinen.

Eines Tages fand Mary Ann Mantell mehrere seltsam geformte Steine, die aussahen wie die flachen Zähne eines riesigen Leguans. Zu dem Zeitpunkt wusste sie es nicht, aber sie hatte einen Dinosaurier gefunden! Als ihr Mann einen Text darüber schrieb, nannte er den Dinosaurier *Iguanodon* (das bedeutet „Leguanzahn").

Gattung: Iguanodon
Wann: Unterkreide (frühe Kreidezeit)
Länge: bis zu 8 m
Gewicht: bis zu 4.000 kg

DIE DINOSAURIER ZUM LEBEN ERWECKEN

In den 1850er-Jahren wurden immer mehr Dinosaurier entdeckt. Viele Menschen wollten mehr über diese geheimnisvollen Kreaturen und die Geschichte von Gottes Schöpfung erfahren.

NASE ODER DAUMEN?

Der englische Bildhauer Benjamin Waterhouse Hawkins machte einige lebensgroße Modelle von Dinosauriern und begann mit dem *Iguanodon.* Neben den Zähnen, die Mary Ann Mantell gefunden hatte, hatten andere auch Beinknochen und ein seltsames Horn gefunden. Erst dachten sie, *Iguanodon* hätte ein Horn auf der Nase gehabt, weshalb Benjamins Modell ein bisschen wie ein Nashorn aussah. Aber weitere Fossilien ließen die Paläontologen verstehen, dass diese „Hörner" in Wahrheit dornenartige Daumen waren.

Diese Geschichte zeigt uns, wie kniffelig es sein kann, herauszufinden, was Fossilien uns über die Schöpfung sagen können. Wir müssen noch so viel entdecken. Deshalb ist es wichtig und spannend, immer wieder Fragen zu stellen und mehr zu lernen.

HEIß ODER KALT?

Leute wie Mary Ann Mantell, die Dinosaurierknochen fanden, waren voller Fragen und Ideen. Mary Ann Mantell fragte sich, ob Dinosaurier altertümliche Eidechsen waren, weil ihre Knochen so ähnlich aussahen wie die von heutigen Eidechsen. Die meisten Reptilien (wie Schlangen und Eidechsen) sind „kaltblütig" oder „wechselwarm" – ihre Körper erzeugen keine Wärme und ihre Körpertemperatur hängt von ihrer Umgebung ab.

Vögel und Säugetiere (wie wir) sind „warmblütig" oder „gleichwarm" – unsere Körper erzeugen Wärme. Weil man dachte, Dinosaurier seien wie Eidechsen, dachte man auch, sie wären kaltblütig. Wissenschaftler wissen heute, dass Vögel direkte Nachfahren der Dinosaurier sind. Sie vermuten daher, dass zumindest manche Dinosaurier warmblütig waren wie wir.

Ist es nicht toll, wie wir mehr und mehr über Gottes unglaubliche Welt entdecken und lernen können?

ZUSAMMENGESETZT

Paläontologen verwenden Fossilien, um so viel wie möglich über diese uralten Teile der Schöpfung zu lernen. Im Laufe der Jahre haben schlaue Leute herausgefunden, wie sich die Dinosaurier bewegten, was sie fraßen, wie sie lebten und sogar, welche Farben sie hatten und welche Geräusche sie machten.

BIG AL

„Big Al" (der große Al) heißt ein besonderes Allosaurus-Fossil, das in Wyoming in den USA gefunden wurde. Das Fossil besteht nur aus Knochen – keine Haut, Muskeln oder Organe –, aber die Knochen geben uns Hinweise auf den Rest. Schauen wir doch mal, ob wir Big Al zusammensetzen können, um eine Vorstellung davon zu bekommen, wie er aussah.

1 SKELETT

Schau dir Big Als Skelett an. Er hat Löcher im Kopf. Zwei sind für die Augen und zwei für die Nasenlöcher. Andere sind für Nerven und Muskeln, um zum Beispiel seinen riesigen Kiefer zu bewegen.

Wie viele Finger und Zehen hat das Skelett? Schau dir seine Beinknochen an. Lief er auf vier oder zwei Beinen?

Big Al hatte ein schweres Leben. Seine Rippen und Wirbel (Rückenknochen) wurden in einem Kampf gebrochen. Sein rechter Fuß hatte einen geschwollenen, entzündeten Zeh, was das Jagen für ihn schwierig machte.

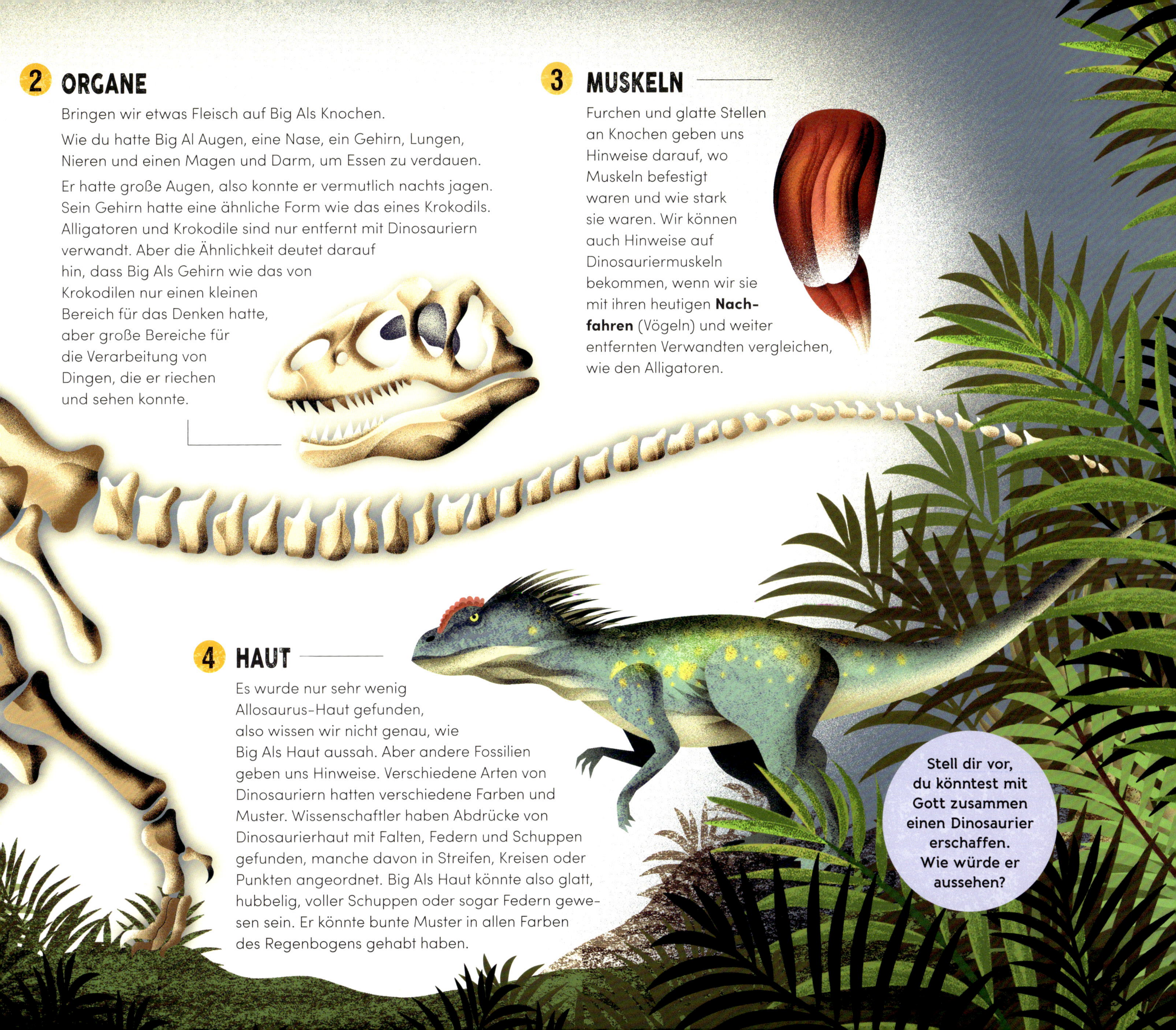

2 ORGANE

Bringen wir etwas Fleisch auf Big Als Knochen.

Wie du hatte Big Al Augen, eine Nase, ein Gehirn, Lungen, Nieren und einen Magen und Darm, um Essen zu verdauen.

Er hatte große Augen, also konnte er vermutlich nachts jagen. Sein Gehirn hatte eine ähnliche Form wie das eines Krokodils. Alligatoren und Krokodile sind nur entfernt mit Dinosauriern verwandt. Aber die Ähnlichkeit deutet darauf hin, dass Big Als Gehirn wie das von Krokodilen nur einen kleinen Bereich für das Denken hatte, aber große Bereiche für die Verarbeitung von Dingen, die er riechen und sehen konnte.

3 MUSKELN

Furchen und glatte Stellen an Knochen geben uns Hinweise darauf, wo Muskeln befestigt waren und wie stark sie waren. Wir können auch Hinweise auf Dinosauriermuskeln bekommen, wenn wir sie mit ihren heutigen **Nachfahren** (Vögeln) und weiter entfernten Verwandten vergleichen, wie den Alligatoren.

4 HAUT

Es wurde nur sehr wenig Allosaurus-Haut gefunden, also wissen wir nicht genau, wie Big Als Haut aussah. Aber andere Fossilien geben uns Hinweise. Verschiedene Arten von Dinosauriern hatten verschiedene Farben und Muster. Wissenschaftler haben Abdrücke von Dinosaurierhaut mit Falten, Federn und Schuppen gefunden, manche davon in Streifen, Kreisen oder Punkten angeordnet. Big Als Haut könnte also glatt, hubbelig, voller Schuppen oder sogar Federn gewesen sein. Er könnte bunte Muster in allen Farben des Regenbogens gehabt haben.

Stell dir vor, du könntest mit Gott zusammen einen Dinosaurier erschaffen. Wie würde er aussehen?

BUNTE KREATUREN

Es ist sehr schwierig für Paläontologen, die Farben der uralten Dinosaurier herauszufinden, weil Dinosaurierhaut bisher nur in versteinerter Form gefunden wurde. Manche Wissenschaftler sind der Meinung, dass die Dinosaurier einfache Farben hatten wie Nashörner oder Elefanten. Andere denken, dass manche sehr bunt waren, wie viele Vögel heutzutage. Neue Funde helfen dabei, mehr herauszufinden.

GLÄNZENDER GLEITER

Der krähengroße Microraptor gibt uns ebenfalls Hinweise auf besondere Färbungen. Dieser seltsam aussehende Gleiter hatte gefiederte Flügel an Armen und Beinen und riesige Augen, weshalb Wissenschaftler früher angenommen haben, dass er nachts jagte.

Erst vor Kurzem haben **mikroskopisch** kleine Überreste von besonderen Teilen einer Zelle (genannt Melanosom) gezeigt, dass seine Federn einen farbenprächtigen Glanz hatten. Heutige Vögel mit solchen glänzenden Federn sind nicht nachtaktiv, weshalb wir inzwischen denken, dass der Microraptor eher tagsüber gejagt hat – und alles nur wegen seiner Farben. Vielleicht war das Mesozoikum voller glänzender Dinosaurier, die durch die Lüfte glitten und flogen?

TOLLE TARNUNG

2011 fanden Paläontologen das am besten erhaltene Fossil eines Dinosauriers mit Panzerung: *Borealopelta* (siehe Seite 25). Bei der Erforschung der besonderen Panzerung dieses **Exemplars** fanden Wissenschaftler heraus, dass es rotbraun gefärbt war mit einem etwas helleren Bauch. Diese Färbung half dem Dinosaurier dabei, sich zu tarnen und vor Feinden zu verstecken.

SCHON GEWUSST?

Wie bei vielen Tierarten heute waren möglicherweise einige männliche Dinosaurier sehr bunt, um Weibchen anzulocken, während Weibchen vermutlich weniger auffällig waren.

SPEKTAKULÄRE TÖNE

Wir hören in Gottes wundervoller Schöpfung alle möglichen Töne – Grunzen, Quaken, Quieken, Zwitschern und vieles mehr. Paläontologen werden wohl nie genau wissen, welche Töne Dinosaurier machten, aber die meisten sind sich sicher, dass sie Geräusche machten. Die Innenohrknochen verschiedener Dinosaurierarten zeigen, dass sie sehr gut hören konnten, also verwendeten sie vermutlich Geräusche, um miteinander zu kommunizieren – zur Warnung vor Gefahr, um ihre Familie zu finden oder um Partner zur Paarung anzulocken, wie es Tiere auch heute tun.

Lambeosaurus

Brachylophosaurus

URTÜMLICHES ORCHESTER

Manche Dinosaurier, wie *Lambeosaurus* und *Parasaurolophus* (siehe Seite 36), hatten einen großen Kamm auf dem Kopf, der mit der Innenseite ihrer Nase verbunden war. Palaontologen nehmen an, dass sie Luft durch diesen Kamm drücken und einen tiefen, dröhnenden Klang erzeugen konnten, ein bisschen wie bei einer Trompete.

BRACHY-QUAKO-SAURUS

Der Brachylophosaurus hatte einen Kehlsack – vielleicht konnte er quaken wie ein Frosch!

Interessant!

Bei Dino-Namen wird „ph" wie „f" ausgesprochen, wie in „Physik". „c" liest man „k", vor „e" und „i" manchmal auch wie „z" – man sagt also „Mikroraptor", aber „Veloziraptor".

Wissenschaftler leisten eine fantastische Arbeit, um die Hinweise über unglaubliche Dinosaurier zusammenzusetzen. Bist du bereit, mehr über manche dieser außergewöhnlichen Kreaturen zu erfahren?

SO VIELE DINOS!

Fossilien geben uns wichtige Hinweise darüber, wie Dinosaurier in die große Familie der Lebewesen passen und wie sie miteinander verwandt sind (siehe Seite 9).

Durch seinen klugen Evolutionsprozess hat Gott viele verschiedene Dinosaurier gemacht. Wissenschaftler teilen Dinosaurier in zwei Hauptgruppen ein: Echsenbeckensaurier (Saurischia) und Vogelbeckensaurier (Ornithischia).

Herr,
welche Vielfalt hast
du geschaffen!
In deiner Weisheit hast
du sie alle gemacht.
Die Erde ist voll von
deinen Geschöpfen.
Psalm 104,24

Apatosaurus

Diplodocus

ECHSENBECKENSAURIER

Trotz des Namens sind Echsen keine Dinosaurier. Zur Gruppe der Echsenbeckensaurier gehören die größten Dinosaurier, die je entdeckt wurden, wie die langhalsigen Sauropoden (siehe Seite 44) *Apatosaurus* und *Diplodocus*, aber auch fleischfressende Theropoden (siehe Seite 32), wie *Deinonychus* und *Tyrannosaurus Rex* (kurz T-Rex).

Deinonychus

T-Rex

DINOSAURIER-ABENDESSEN

Erstaunlicherweise können Fossilien oft anzeigen, was die uralten Kreaturen fraßen. Manche waren Fleischfresser, andere Pflanzenfresser, andere Fischfresser und wieder andere Allesfresser (sie fraßen fast alles). Fragst du dich, warum Gott Fleischfresser machte? Auf Seite 41 erfährst du mehr.

Stegosaurus

Hadrosaurus

VOGELBECKENSAURIER

Der Begriff „Vogelbeckensaurier“ ist verwirrend, denn heutige Vögel würde man vom Körperbau in die Gruppe der „Echsenbeckensaurier“ einsortieren! Alle Vogelbeckensaurier, die bisher entdeckt wurden, waren Pflanzenfresser, dazu gehören der schnabelige *Hadrosaurier* (siehe Seite 36), der stachelschwanzige *Stegosaurus* (siehe Seite 22) und der dreihörnige *Triceratops* (siehe Seite 29).

Triceratops

DAS NAMENSSPIEL

William Buckland

Fossilien, die im 19. Jahrhundert von Geologen wie dem Theologen William Buckland (siehe Seite 30) und Mary Ann und Gideon Mantell (siehe Seite 14) gefunden wurden, brachten den Spezialisten für Anatomie Sir Richard Owen zum Nachdenken. Die Fossilien waren einander ähnlich, aber anders als alle Lebewesen, die er kannte. Deshalb vermutete er, dass sie zu einer neuen Gruppe von Tieren gehörten, die er „Dinosaurier“ nannte – nach dem griechischen Wort für „schreckliche (oder gewaltige) Eidechse“. Wir nennen sie immer noch „Dinosaurier“, auch wenn wir heute wissen, dass Dinosaurier weder Echsen waren noch generell furchteinflößend oder riesig.

Gideon und Mary Ann Mantell

Viele alte Kreaturen bekamen Namen, von denen wir heute wissen, dass sie nicht gut passen, wie der Ichthyosaurus (siehe Seite 52), was „Fischechse“ bedeutet, obwohl er weder Fisch noch Echse (noch Dinosaurier!) war. Solche Namen erinnern uns daran, dass die Menschen Gottes Welt schon seit langer Zeit erforschen, Schritt für Schritt mehr lernen und dabei manchmal erkennen, dass ältere Vermutungen nicht ganz richtig waren.

Sir Richard Owen

LEBENDE DINOSAURIER?

Viele Dinosaurier kennen wir nur als Fossilien, aber eine große Gruppe ihrer Nachfahren gibt es noch heute – Vögel! Ihre nächsten Verwandten unter den Fossilien waren Theropoden wie der Velociraptor und der T-Rex, von denen viele vogelähnliche Knochen, Lungen, Federn und mehr hatten. Wenn du also das nächste Mal ein Huhn, einen Adler oder einen Pinguin siehst, erinnere dich daran, dass die Nachfahren der Dinosaurier immer noch unter uns sind.

VIELFÄLTIGE VERTEIDIGUNG

Manche Dinosaurier verteidigten sich mit einer natürlichen Rüstung. Fossilien zeigen uns unglaubliche Schädelplatten, Kämme und Stacheln, die als Abwehr gegen Raubtiere wie den spitzzahnigen *T-Rex* und den flinken *Velociraptor* dienten.

STEGOSAURUS

Stegosaurus mit seinen spektakulären Stacheln und Knochenplatten war ein besonders bedeutender Dinosaurier. Sein Name bedeutet „Dachechse", weil die großen Knochenplatten auf seinem Rücken ein wenig aussehen wie ein Dach. Wissenschaftler hatten viel Spaß bei dem Versuch, herauszufinden, wozu diese Platten gut waren. Viele denken, die Platten dienten zum Schutz und zur Kühlung (auf dieselbe Weise, wie die Ohren eines Elefanten warmes Blut in die Nähe der Hautoberfläche leiten, damit es dort abkühlen kann). Vielleicht halfen sie auch dabei, mögliche Partner zu beeindrucken? Oder sie konnten sogar die Farbe wechseln!

Der Schwanz von *Stegosaurus* war mit Stacheln besetzt. Er konnte ihn wie eine Keule schwingen, um Angreifer zu verletzen oder ihnen Angst einzujagen. Die Stacheln wurden bis zu 90 cm lang.

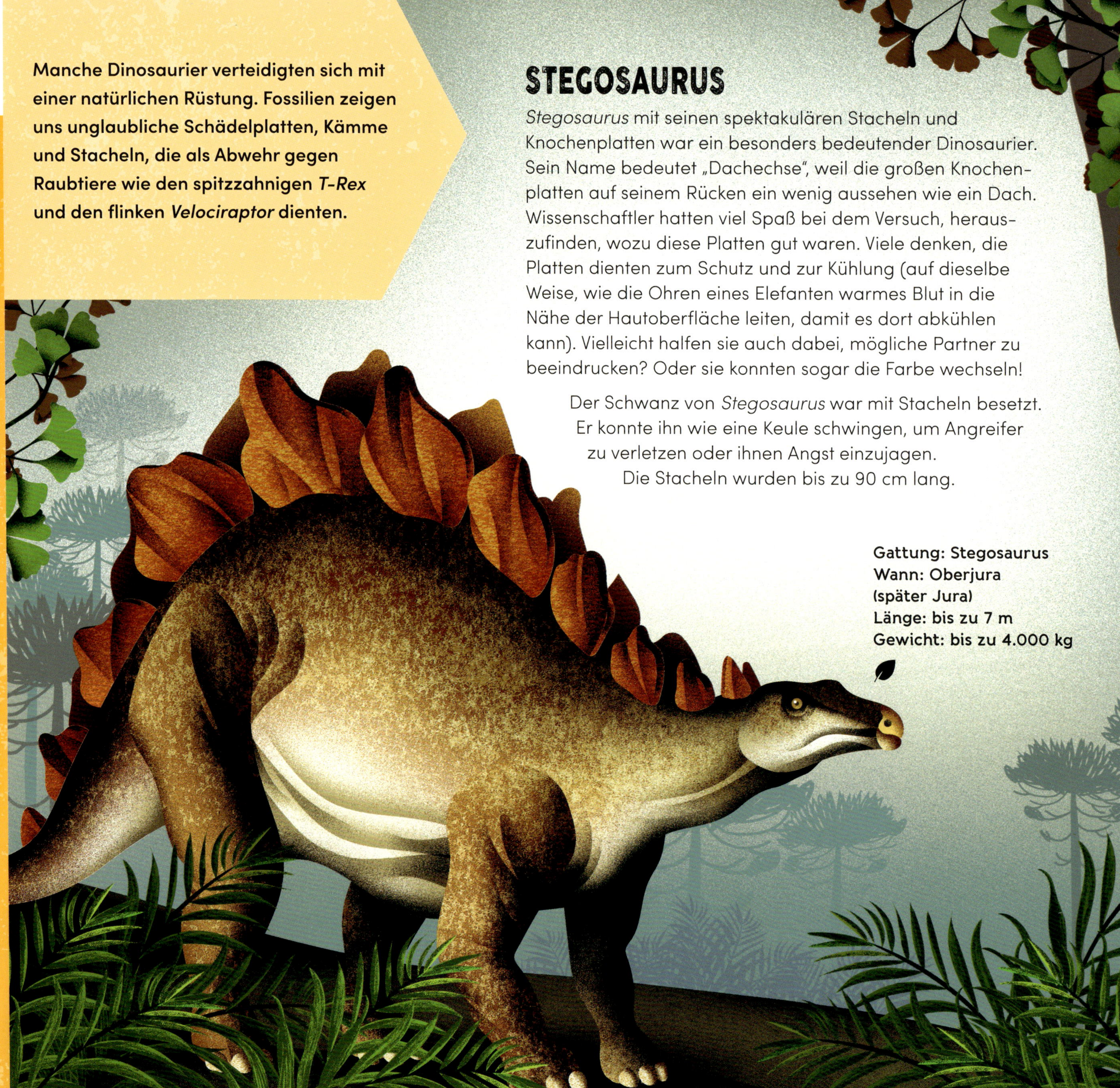

Gattung: Stegosaurus
Wann: Oberjura (später Jura)
Länge: bis zu 7 m
Gewicht: bis zu 4.000 kg

DIE KNOCHENKRIEGE

Um 1870 stieg die Faszination für Dinosaurier und Fossilien. Viele wollten als Erste die nächste große Entdeckung machen.

Zwei rivalisierende Paläontologen, Edward Drinker Cope und Professor Othniel Charles Marsh, hörten Gerüchte über riesige Dinosaurierknochen in den Weststaaten der USA. Sie reisten dorthin und fanden viele neue Dinosaurier. Aber weil sie es so eilig hatten, dem jeweils anderen zuvorzukommen, verwendeten sie für die Suche Dynamit und zerstörten vermutlich genauso viele Fossilien, wie sie fanden. Einer ihrer besonderen Funde war *Stegosaurus,* der von Professor Marsh 1877 entdeckt wurde. Aber die beiden hätten viel mehr gefunden, wenn sie vorsichtiger gewesen wären.

Ihre Rivalität leitete eine Jagd auf Fossilien ein, die man die „Knochenkriege“ nannte.

DIE COUSINS VON STEGOSAURUS

Stegosaurus hatte einige nahe Verwandte, die zur Gruppe der Stegosaurier gehören. Sie bieten ein wunderbares Beispiel für Gottes Kreativität.

DACENTRURUS ►

hatte dünne Knochenplatten den ganzen Rücken entlang und Stacheln an seinem gesamten Schwanz.

MIRAGAIA ►

hatte einen langen, eleganten Hals und kleine Knochenplatten.

◄ KENTROSAURUS

hatte einen langen Stachel an jeder Schulter.

◄ HUAYANGOSAURUS

trug den ganzen Rücken entlang stachelartige Knochenplatten.

GIGANTSPINOSAURUS ►

hatte kleine Knochenplatten, aber sehr lange und große Stacheln an den Schultern.

ANKYLOSAURUS

Ankylosaurus war ganz schön gerüstet! Dieser Vogelbeckensaurier hatte Hörner und Stacheln auf dem Kopf, stabile Schuppen aus Knochen, die seinen Rücken und seine Beine schützten, und zwei Plattenkragen an seinem Hals. Wie beim *Stegosaurus* war sein Schwanz eine Waffe: ein Knochenknüppel, den er zur Verteidigung schwingen konnte. Ist es nicht erstaunlich, dass Gottes Kreativität Lebewesen hervorbringt, denen Rüstung am Körper wächst?

Auch wenn der gewaltige *Ankylosaurus* mit seiner grandiosen Rüstung gefährlich aussah, jagte er keine anderen Dinosaurier. Er war ein Pflanzenfresser mit einem großen, papageienartigen Schnabel und kleinen, blattförmigen Zähnen, die perfekt geeignet waren, um Pflanzen zu zerkauen.

Gattung: Ankylosaurus
Wann: Oberkreide (späte Kreidezeit)
Länge: bis zu 8 m
Gewicht: bis zu 6.500 kg

EIN SELTENER FUND

Eine unerwartete Entdeckung ließ uns Bekanntschaft mit einer weiteren Kreatur machen, einem nahen Verwandten von *Ankylosaurus.*

2011 arbeitete der Minenarbeiter Shawn Funk an einem Hang in Alberta, Kanada, als ihm etwas Ungewöhnliches auffiel. Wissenschaftler kamen und gruben ein erstaunlich gut erhaltenes Dinosaurierfossil aus, das nicht nur Knochen, sondern auch Haut, Muskeln und Schuppen hatte, die alle versteinert waren. Der Dinosaurier wurde *Borealopelta markmitchelli* genannt, nach dem Mann, der das Fossil vorsichtig aus dem Felsen gegraben hatte.

BOREALOPELTA

Das *Borealopelta*-Fossil ist eines der lebensechtesten Dinosaurierfossilien, die je gefunden wurden. Es gibt zwar ein paar andere Dinosaurierfossilien, die Anzeichen von Haut oder Muskeln zeigen, so wie Leonardo der Hadrosaurier (siehe Seite 37), aber diese Exemplare sind in der Regel vor der Versteinerung ausgetrocknet und verschrumpelt oder wurden zerdrückt. *Borealopelta markmitchelli* dagegen hat seine Form behalten. Anscheinend versank er mit dem Rücken nach unten im Schlamm auf dem Meeresboden. Wissenschaftler konnten seine Knochenplatten, Schuppen, Haut und sogar Pflanzenreste in seinem Bauch erforschen, gründlicher als bei irgendeinem Dinosaurier zuvor. Es gibt zwar noch ungeklärte Fragen, aber wieder einmal hat uns der Versteinerungsprozess dabei geholfen, einen Blick in die ferne Vergangenheit der Schöpfung zu werfen.

Außergewöhnliche Fossilien wie dieses zeigen uns so viel mehr, als wir je über die Dinosaurier zu entdecken hofften!

Gattung: Borealopelta
Wann: Unterkreide
Länge: bis zu 5,5 m
Gewicht: Bis zu 1.300 kg

Es gibt noch so viel über die Dinosaurier zu entdecken! Manche sind uns ein ganz schönes Rätsel.

PACHYCEPHALOSAURUS

Es gibt nur sehr wenige komplette Fossilien von *Pachycephalosaurus*-Skeletten, und Wissenschaftler haben viele Fragen über diesen Dinosaurier.

MYSTERIÖSE ZÄHNE

Unterschiedlich geformte Zähne helfen Tieren dabei, unterschiedliche Dinge zu zerkauen. Viele Fleischfresser haben scharfe, zackige Zähne, Fischfresser haben oft viele kleine, spitze Zähne, während Pflanzenfresser Zähne haben, mit denen sie zähe Pflanzen kleinmalmen können. Der *Pachycephalosaurus* hatte offenbar spitze Zähne in seinem vorderen Oberkiefer, aber Zähne zum Kleinmalmen an den Seiten. Wissenschaftler nehmen an, dass dieser Vogelbeckensaurier eine Mischung aus Pflanzen, Nüssen, Früchten und vielleicht auch Fleisch fraß.

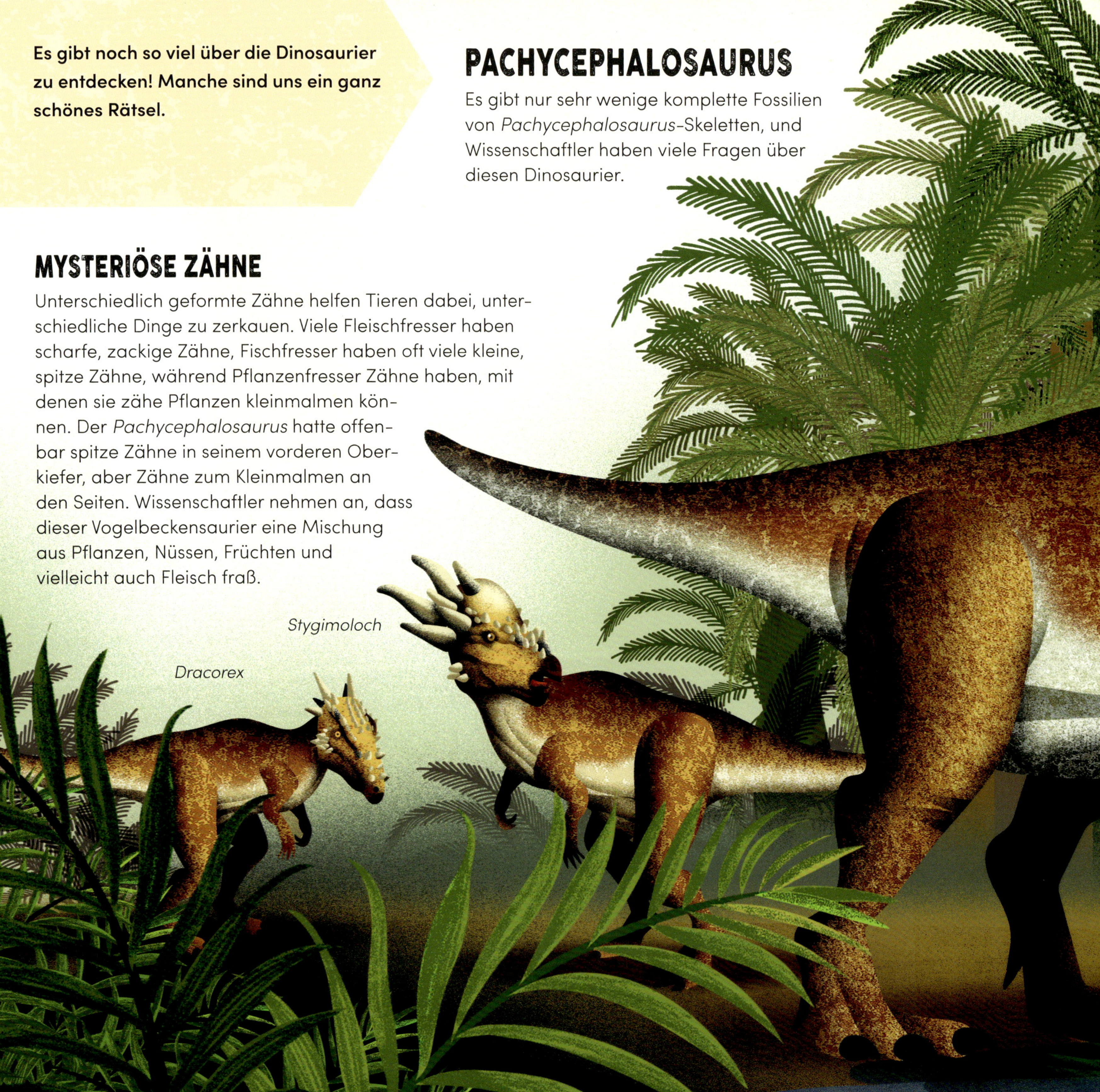

Stygimoloch

Dracorex

MYSTERIÖSER KOPF

Pachycephalosaurus hatte einen großen Kopf mit einer dicken Knochenhaube oben auf seinem Schädel. Viele Wissenschaftler denken, dass die Hauben bei Kämpfen verwendet wurden, aber sie sind sich uneinig darüber, ob Rivalen ihre Köpfe gegeneinanderstießen oder andere Körperteile mit der Knochenhaube attackierten.

Gattung: Pachycephalosaurus
Wann: Oberkreide
Länge: bis zu 5 m
Gewicht: bis zu 450 kg

Pachycephalosaurus

Unser Herr ist groß und seine Macht ist gewaltig! Seine Erkenntnis übersteigt alles, was wir begreifen können!
Psalm 147,5

GLEICH ODER UNTERSCHIEDLICH?

Über die Jahre haben Paläontologen Pachycephalosaurier in unterschiedliche Arten klassifiziert. Sie waren der Meinung, dass *Dracorex* und *Stygimoloch* enge Verwandte des *Pachycephalosaurus* seien, aber mit anders geformten Schädeln.

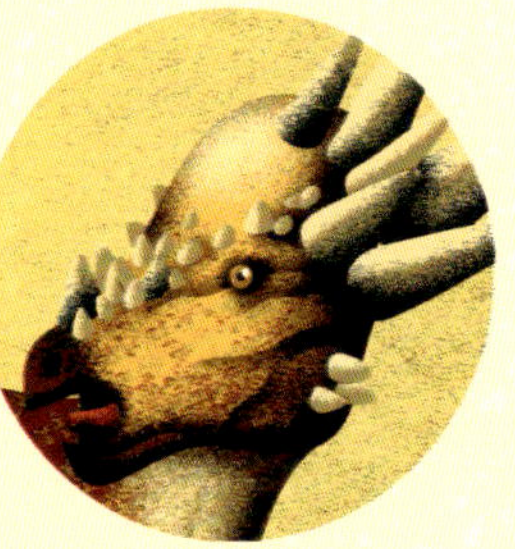

Erst kürzlich hatten die Paläontologen Jack Horner und Dr. Mark Goodwin die Idee, dass *Dracorex* und *Stygimoloch* vermutlich einfach junge *Pachycephalosaurier* sind (siehe Dr. Peter Dodsons ähnliche Entdeckung über die Hadrosaurier, Seite 36). Sie nehmen an, dass unterschiedlich große Fossilien mit verschiedenen Stacheln, Hörnern und Knochenhauben unterschiedliche Altersstufen von *Pachycephalosaurus* zeigen. Neue Fossilienfunde scheinen diesen Gedanken zu unterstützen.

DAS ABENTEUER DER ENTDECKUNG

Paläontologie ist voller spannender Geheimnisse, und Wissenschaftler arbeiten hart an kreativen Wegen, um zu verstehen, was sie entdecken. Wir werden vielleicht nie alles in Gottes riesigem, detailreichen Universum verstehen, aber wir wissen, dass er es liebt, wenn wir seine Schöpfung erforschen. Die Bibel sagt uns, dass Gott uns liebt und Teil unseres Lebens sein will. Deshalb können wir die Wissenschaft als ein spannendes Abenteuer mit dem Gott betrachten, der alles gemacht hat.

Eine weitere spannende und vielseitige Gruppe der Vogelbeckensaurier sind die Ceratopsier. Ihre Fossilien – von den kleinen, frühen Exemplaren bis zum gewaltigen *Triceratops,* der später lebte – geben uns Hinweise darauf, wie diese Gruppe sich entwickelte.

PSITTACOSAURUS

Psittacosaurus, ein früher Ceratopsier, hatte keinen richtigen Nackenkranz oder Hörner, aber einen großen Schnabel wie andere Ceratopsier. Es wurden Hunderte Fossilien von ihm gefunden, von Babys bis hin zu ausgewachsenen Exemplaren – so viele, dass man Psittacosaurier auch „Schafe des Mesozoikums" nennt.

Gattung: Psittacosaurus
Wann: frühe Kreidezeit
Länge: bis zu 2 m
Gewicht: bis zu 20 kg

PROTOCERATOPS

Protoceratops war ein früher Ceratopsier, der in der Oberkreide lebte. Er war etwas größer als ein Schäferhund, mit einem Schnabel und einem weiten Nackenkranz. Anders als spätere Ceratopsier hatte er keine Hörner.

Gattung: Protoceratops
Wann: Oberkreide
Länge: bis zu 2,5 m
Gewicht: bis zu 175 kg

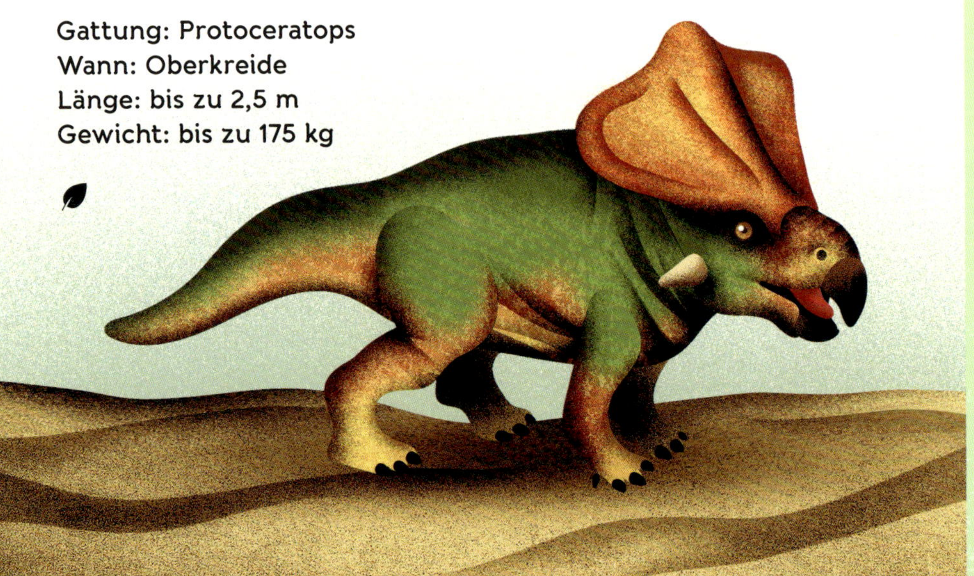

DR. PETER DODSON

Dr. Peter Dodson ist ein Experte für Dinosaurier, besonders für Ceratopsier. Im Jahr 1981 half er dabei, den *Avaceratops* in Montana zu entdecken. Einen in China gefundenen Dinosaurier nannte er nach seiner Frau Dawn (= „Morgenröte") *Auroraceratops* (Aurora ist Lateinisch für „Morgenröte"). Dr. Dodson liebt die Vielfalt der Dinosaurier. Als Christ glaubt er, dass sie die „Juwelen von Gottes Schöpfung" sind.

LIAOCERATOPS

Liaoceratops, ein weiterer früher Ceratopsier, wurde ebenfalls in den fossilreichen Gesteinsschichten von Liaoning in China gefunden. Er scheint das früheste Mitglied der Familie zu sein, in die der berühmte Triceratops gehört, der in der Oberkreide lebte.

Gattung: Liaoceratops
Wann: Unterkreide
Länge: bis zu 1 m
Gewicht: bis zu 3 kg

TRICERATOPS

Triceratops war deutlich größer als frühere Ceratopsier, viel stärker und viel spektakulärer. *Triceratops* hatte drei Hörner, zwei an den Seiten wie ein Stier und einen auf seiner Nase wie ein Nashorn. Die Hörner könnten der Verteidigung gedient haben oder dazu, Weibchen zu beeindrucken.

Gattung: Triceratops
Wann: Oberkreide
Länge: bis zu 8 m
Gewicht: 6.100 kg

DIE „MEGA"-ENTDECKUNG VON PFARRER WILLIAM BUCKLAND

Um 1800 hatten viele Pfarrer Freude daran, die Natur zu erforschen und mehr über Gottes Schöpfung zu lernen. Pfarrer William Buckland aus England entdeckte die Knochen einer Kreatur, die er *Megalosaurus* nannte, was „große Echse" bedeutet. Dies war der erste Dinosaurier, der einen offiziellen Namen erhielt – sogar noch bevor das Wort „Dinosaurier" erfunden worden war (siehe Seite 21). Pfarrer Bucklands sorgsame Art, Fossilien zu erforschen, half dabei, die moderne Paläontologie zu begründen.

Interessant!
Pfarrer Buckland soll beim Reiten oft eingeschlafen sein. Aber sein Pferd war so sehr daran gewöhnt, an interessanten Steinen stehen zu bleiben, dass es ihn mit einem Schnauben weckte, wenn es einen solchen sah.

Gattung: Megalosaurus
Wann: Mitteljura
Länge: 11 m
Gewicht: bis zu 3.000 kg

GESTEINSSCHICHTEN-ZEITMASCHINE

Pfarrer Buckland stellte fest, dass in bestimmten Gesteinsschichten jeweils unterschiedliche Fossilien zu finden sind, die anders aussehen als alle lebenden Tiere. Er kam deshalb zu dem Schluss, dass sehr viel Zeit vergangen war, seit Gott die Lebewesen gemacht hatte, die tief im Gestein verborgen waren. Er nannte die Gesteinsschichten „Gottes Stufen der Schöpfung".

Gattung: Dilophosaurus
Wann: Unterjura (früher Jura)
Länge: bis zu 7 m
Gewicht: bis zu 565 kg

DILOPHOSAURUS

Dilophosaurus war in Anbetracht seiner Größe sehr leicht und fürs Rennen und Springen gebaut. Seine starken Hinterbeine und sein Känguru-ähnlicher Schwanz gaben ihm dabei Gleichgewicht. Dieser flinke Theropode hatte lange, klauenbesetzte Finger und viele kleine, gezackte Zähne. Versteinerte Körperabdrücke, die vermutlich von einem seiner nahen Verwandten stammen, sehen aus wie Umrisse von Federn, also war er vielleicht sogar gefiedert! Es ist spannend, welche Hinweise wir sammeln können, um uns ein Bild von den Lebewesen aus früheren Zeiten zu machen.

Gott schuf die Erde durch seine Macht, und er hat sie durch seine Weisheit fest gegründet. Er hat den Himmel ausgebreitet durch seine Einsicht.
Jeremia 10,12

COELOPHYSIS

Coelophysis [sprich: Zölofüssis] ist ein viel kleinerer, leichterer Cousin von *Dilophosaurus.* Er hatte einen Mund voller nadelartiger Zähne und große, nach vorne ausgerichtete Augen wie die eines Adlers. Deshalb denken Wissenschaftler, dass er ebenfalls ein flinker kleiner Jäger war.

In der Wüste von New Mexico fand man einen ganzen Haufen von Fossilien dieser kleinen Dinosaurier. Anscheinend wurden sie von einer Sturzflut getötet, ähnlich wie die Fluten, die auch heutzutage noch durch die Canyons schwappen und unterwegs alles begraben. Auch wenn es traurig ist, über sterbende Tiere nachzudenken, liefern uns solche Naturkatastrophen Fossilien, die einen Moment in der Zeit einfrieren. Sie geben uns zum Beispiel Hinweise darüber, welche Tiere zu welcher Zeit gemeinsam in derselben Gegend lebten.

Gattung: Coelophysis
Wann: Obertrias (späte Trias)
Länge: bis zu 3,5 m
Gewicht: bis zu 30 kg

GROßE ZÄHNE – GROßER AUFTRITT?

THEROPODEN

Alle fleischfressenden Dinosaurier, die wir kennen, gehören in eine Gruppe von Echsenbeckensauriern, die Theropoden genannt werden. Die meisten Theropoden liefen auf zwei Beinen und hatten – im Verhältnis zu ihrer Körpergröße – größere Gehirne als andere Dinosaurier. Wissenschaftler vermuten, dass ihnen dies dabei half, gute Jäger zu sein.

Manche Theropoden, wie ***Confuciusornis***, waren winzig. Andere, wie ***Tyrannosaurus***, waren gigantisch. In dieser Gruppe können wir sehr viel von Gottes Kreativität entdecken!

Gattung: Allosaurus
Wann: Oberjura
Länge: bis zu 12 m
Gewicht: bis zu 2.000 kg

Dein, Herr, sind Größe, Macht, Herrlichkeit, Ruhm und Hoheit. Alles im Himmel und auf der Erde gehört dir; dein ist das Reich, Herr. Wir beten dich an als den Herrn über alles.
1. Chronik 29,11

ALLOSAURUS Erinnerst du dich noch an Big Al von Seite 16? Die versteinerten Knochen eines *Allosaurus* gehörten zu den ersten Fossilien, bei denen man Hohlräume in den Knochen feststellte, wie sie auch heutige Vögel haben. Dieser beeindruckende Jäger hatte Zähne so scharf wie Steakmesser. Wenn ein Zahn beim Kampf ausgeschlagen wurde, war das kein Problem: *Allosaurus* wuchs einfach ein neuer!

Interessant!
Spezielle Röntgenaufnahmen von Fossilien haben gezeigt, dass viele Dinosaurier Ersatzzähne weiter unten im Kiefer hatten, so wie heutige Haie.

TYRANNOSAURUS REX

Der *Tyrannosaurus Rex* war einer der größten Fleischfresser, die je auf der Erde gelebt haben. Manche Exemplare waren so hoch wie Giraffen. Dieser Dinosaurier hatte einen unglaublich starken Kiefer und bis zu 30 cm lange Zähne.

SCHNELL UNTERWEGS

T-Rex war riesig und schwer, aber auch ziemlich schnell. Wir können nicht genau sagen, wie schnell er war, weil wir ihn nicht in Bewegung sehen können. Seine Knochenstruktur und seine Fußabdrücke lassen manche Wissenschaftler annehmen, dass ein *T-Rex* bis zu 45 km/h schaffte! Andere denken, dass er zwar nicht rennen konnte, aber so schnell ging, wie ein Mensch rennt, weil er so lange Beine hatte.

DINO-KAMPF?

T-Rex und *Allosaurus* waren zwei der größten Raubtiere, die Gott je gemacht hat. Sie sind sich nie begegnet, da *Allosaurus* etwa 80 Millionen Jahre vor dem *T-Rex* lebte. Aber *wenn* sie sich je getroffen und gekämpft hätten, hätte der größere, schwerere *T-Rex* den *Allosaurus* höchstwahrscheinlich besiegt.

Gattung: Tyrannosaurus
Wann: Oberkreide
Länge: bis zu 13 m
Gewicht: bis zu 9.500 kg

WEICHE GEHEIMNISSE

Manchmal führt die Wissenschaft uns zu überaus erstaunlichen Entdeckungen. So erging es in den 1990er-Jahren Dr. Mary Schweitzer, einer Christin und Professorin für Paläontologie.

Während sie versteinerte Knochen eines T-Rex unter dem **Mikroskop** betrachtete, fand sie darauf etwas, das aussah wie versteinerte Blutkörperchen. Als dieser Dinosaurier noch lebendig war, waren seine Blutkörperchen weich, wie seine Haut, Muskeln und andere Weichteile. Normalerweise enthalten Fossilien nur die harten Teile, deshalb war ihre Entdeckung so besonders.

Dr. Schweitzers Entdeckung veränderte alles, was wir über Versteinerung wissen. Sie zeigt, dass wir mehr über die Dinosaurier herausfinden können, als wir je für möglich gehalten haben! Solche spannenden Entdeckungen können uns dabei helfen, die großen Fragen zu beantworten, wie die Dinosaurier waren und wie sie sich in ihrem damaligen Umfeld verhielten.

Dr. Mary Schweitzer liebt es, mithilfe der Wissenschaft mehr über die wundersamen Dinosaurier herauszufinden, die Gott gemacht hat. Sie sagt: „Ich befasse mich mit der Wissenschaft, um Gott die Ehre zu geben, indem ich entdecke, wie er alles geschaffen hat. Je mehr ich verstehe, wie alles funktioniert, desto größer erscheint mir Gott."

WASSER ODER LAND?

SPINOSAURUS

In Gottes großartiger Schöpfung nach Fossilien zu suchen, ist besonders spannend, weil man nie weiß, was man als Nächstes finden wird.

Gattung: Spinosaurus
Wann: Kreide
Länge: bis zu 16 m
Gewicht: bis zu 12.000 kg

1912 gruben Paläontologen in Ägypten ein Fossil aus, das anders war als alles, was sie je zuvor gesehen hatten. Dieser Dinosaurier war ein fleischfressender Theropode, aber er schien ungewöhnlich starke Arme zu haben, ein riesiges Segel auf dem Rücken und einen Kopf wie ein Krokodil. War er ein Schwimmer? Wozu war das Segel da? Was können wir über diese wundersame Kreatur lernen?

Tragischerweise wurde dieses ägyptische Fossil im Zweiten Weltkrieg zerstört. Seitdem wurden weitere Fossilien von *Spinosaurus* gefunden und erforscht, aber die Geheimnisse sind noch lange nicht gelüftet.

Es gibt noch eine Menge zu entdecken über diesen wundersamen Teil der Schöpfung. Ob an Land oder im Wasser, *Spinosaurus* muss ein erstaunlicher Anblick gewesen sein!

EIN STARKER SCHWIMMER?

Spinosaurus scheint Schwimmhäute, einen starken beweglichen Schwanz und einen Mund voller kegelförmiger Zähne gehabt zu haben. Diese Eigenschaften wären ideal gewesen, um zu schwimmen und Fische zu fangen. Doch was ist mit diesem bemerkenswerten Segel? Manche Wissenschaftler meinen, dass es *Spinosaurus* dabei geholfen haben könnte, im Wasser zu schwimmen und zu jagen. Aber war er wirklich ein schwimmender Dinosaurier?

DÜMPELN UND TAUCHEN

Computermodelle von *Spinosaurus* zeigen, dass er vermutlich mit seinem Kopf über Wasser schwimmen konnte. Vielleicht konnte er sogar an der Wasseroberfläche treiben wie ein Korken. Aber Wissenschaftler sind sich nicht sicher, wie gut er tauchen konnte. Manche nehmen an, sein kräftiger Schwanz könnte ihm dabei geholfen haben, wie ein Alligator durchs Wasser zu schwimmen. Andere vermuten, er hätte nicht mal aufrecht im Wasser stehen, geschweige denn schwimmen können.

KÜSTENWANDERER

Wir haben noch nicht genug Hinweise, um sicher sagen zu können, wie *Spinosaurus* lebte. Aktuell denken Wissenschaftler, dass er gut dafür ausgerüstet war, am Rand von Seen, Meeren oder Flüssen zu leben, entweder im oder am Wasser. Aber er lebte vermutlich nicht die ganze Zeit im Wasser.

ENTENSCHNABELSAURIER

Wenn es aussah wie eine Ente (und vermutlich auch klang wie eine Ente), könnte es … ein Hadrosaurier gewesen sein!

Hadrosaurier, auch Entenschnabelsaurier genannt, waren eine große Gruppe von Vogelbeckensauriern mit breiten Schnäbeln wie die einer Ente und einer besonderen Reihe von Zähnen, ähnlich wie große Nagelfeilen, um zähe Pflanzen kleinzukriegen. Fossilien zeigen, dass sie in der Regel auf allen vieren liefen, die Schwänze hinter sich erhoben, aber manchmal auch aufrecht auf ihren Hinterbeinen standen.

Es gab viele Gemeinsamkeiten unter den Hadrosauriern, aber sie sahen nicht alle gleich aus. Die Hadrosaurier hatten sehr verschiedene Arten von Kämmen auf ihren Köpfen. Das siehst du zum Beispiel bei *Parasaurolophus, Brachylophosaurus* und *Lambeosaurus* (siehe Seite 19).

Parasaurolophus

DAS GEHEIMNIS DER HADROSAURIER

Hadrosaurier haben den Wissenschaftlern viele Jahre ein besonderes Rätsel aufgegeben. Ihre Fossilien zeigen unglaublich viele verschiedene Arten von Kämmen. Zuerst dachten Paläontologen, dass jede Art von Kamm zu einer anderen Hadrosaurierart gehört. Aber 1975 hatte Dr. Peter Dodson – der viele dieser Fossilien eingehend erforscht hatte – eine andere Idee. Er glaubte, dass es gar nicht so viele verschiedene Arten gab. Wie beim *Pachycephalosaurus* (siehe Seite 27) meint er, dass die Form der Kämme vom Alter der Dinosaurier abhängt und davon, ob sie männlich oder weiblich waren.

Immer wieder werden neue Fossilien gefunden, die Wissenschaftlern dabei helfen, ein klareres Bild der Dinosaurierfamilie und der Wunder und Details von Gottes Schöpfung zu bekommen.

DIE GESCHICHTE VON LEONARDO

Während einer Ausgrabung in Montana in den USA im Sommer 2000 fand der Hobby-Dinoausgräber Dan Stephenson einen Knochen, der aus einer Sandbank herausragte. Er rief Nate Murphy an, den Direktor für Paläontologie eines nahegelegenen Museums, um mit seiner Hilfe zu entschlüsseln, was er da gefunden hatte. Erst viel später wurde ihnen klar, wie besonders dieser Fund war.

Leonardo (benannt nach einem Graffito in der Nähe) war ein drei oder vier Jahre alter *Brachylophosaurus,* ein entenschnabeliger Hadrosaurier. Aufgrund der Umstände, unter denen Leonardo gestorben war, war er vertrocknet, bevor er versteinerte, wodurch ein besonders gut erhaltenes Fossil entstanden war – eine riesige „Dinosaurier-**Mumie**"! Leonardo hat eine dicke, versteinerte Haut, die sein versteinertes Inneres umhüllt. Dieses unglaubliche Fossil beantwortet viel mehr Fragen als normale Dinosaurierfossilien! Die Wissenschaftler haben spezielle **Röntgenstrahlen** verwendet, um Leonardos Magen, Herz und Gedärme anzuschauen. Dadurch fanden sie heraus, was er fraß, nämlich Farn und Nadelholz.

Besondere Fossilien wie diese sind selten. Als Leonardo gefunden wurde, war er eine von nur vier bisher bekannten „Dino-Mumien".

Brachylophosaurus

EINE AUßERGEWÖHNLICHE EI-ENTDECKUNG

1978 waren Marion Brandvold und ihre Familie auf der Suche nach Fossilien auf einer Ranch in Montana, als sie etwas Spektakuläres entdeckten: die ersten Babydinosaurierknochen, die je in Nordamerika gefunden wurden.

Später besuchte der Paläontologe Jack Horner den Steinladen der Familie Brandvold und entdeckte die Knochen, die in einer alten Kaffeedose aufbewahrt wurden. Er fragte, woher sie stammten, und Marion Brandvold zeigte ihm und seinem Team den Fundort, wo sie sofort mit ihren Forschungen begannen.

Eine ehrenamtliche Mitarbeiterin namens Fran Tannenbaum fand das erste versteinerte Dinosaurier-Ei in Amerika an einem Ort, der heute „Egg Mountain" (Eierberg) genannt wird. Dr. Horners Team war auch das erste auf der Welt, das Dinosauriernester entdeckte. Egg Mountain war eine Brutstätte für über zehntausend entenschnabelige Hadrosaurier namens *Maiasaura.*

HORNER IN HOLLYWOOD

Die Figur des Paläontologen Alan Grant im Film *Jurassic Park* aus dem Jahr 1993 orientiert sich an Jack Horner. Außerdem beriet Dr. Horner den Regisseur Steven Spielberg.

MAIASAURA

Maiasaura, ein Hadrosaurier mit flachem Schnabel und breiter Nase, wurde zuerst auf Egg Mountain entdeckt. Gebiete mit ganz besonderen Fossilien wie diesen geben uns Hinweise darüber, wie Dinosaurier sich verhielten und wie sie als Babys waren. Wir wissen, dass Gruppen von *Maiasaura* zusammen lebten und am gleichen Ort ihre Nester bauten, wie eine Kolonie von riesigen Pinguinen. Vermutlich wählten sie für ihre Nester höhere Lagen, um ihre Babys vor Fleischfressern zu schützen. Wahrscheinlich waren die Babys beim Schlüpfen nur 30 cm lang und ihre Eltern versorgten sie, bis sie größer waren – so wie die meisten Vögel heutzutage.

Gattung: Maiasaura
Wann: Oberkreide
Länge: bis zu 9 m
Gewicht: bis zu 4.000 kg

OVIRAPTOR

Das erste Fossil eines *Oviraptors* wurde 1923 vom Paläontologen Roy Chapman Andrews in der Mongolei entdeckt. Der Name bedeutet „Eierdieb" und wurde ausgewählt, weil das Fossil auf einem Haufen von etwas gefunden wurde, das aussah wie Protoceratops-Eier. Die Paläontologen waren aber nicht sicher, ob *Oviraptor* wirklich ein Eierdieb war, und so forschten sie weiter. 1990 entdeckten Wissenschaftler Fossilien von Verwandten des *Oviraptors*, die wie Vögel auf Nestern saßen. Daraus schlossen sie, dass die Eier in Wahrheit *Oviraptor*-Eier waren! Diese Theropoden bewachten also wohl ihre *eigenen* Eier und stahlen nicht die von anderen.

Interessant!
Die langen Beine des Oviraptors halfen ihm vermutlich dabei, schnell zu rennen, ähnlich wie ein Strauß, der über 50 km/h schafft.

Gattung: Oviraptor
Wann: Oberkreide
Länge: bis zu 2 m
Gewicht: bis zu 58 kg

ROY CHAPMAN ANDREWS

Roy Chapman Andrews entdeckte auch andere Dinosaurier, wie den ersten bekannten *Velociraptor.* 1922 leitete er eine gefährliche Expedition in die Wüste Gobi am Rand der Mongolei. Nachdem sein Team sich verirrt hatte, stolperte es zufällig über fantastische Klippen voller Dinosaurierfossilien. Dort fanden sie auch die ersten Dinosauriereier weltweit.

VELOCIRAPTOR

Der kleine und mit Federn bedeckte *Velociraptor* war Teil einer Theropodenfamilie, die *Dromaeosauridae* [sprich: Dromäosauridä] genannt wird. Wissenschaftler nehmen an, dass viele fleischfressende Dinosaurier, wie der *Velociraptor,* intelligent waren und in Gruppen jagten – wie heutige Wölfe. Mit cleveren Gehirnen, scharfen Zähnen und einer Geschwindigkeit von bis zu 40 km/h waren Rudel von diesen Raptoren beeindruckende Jäger.

Gattung: Velociraptor
Wann: Oberkreide
Länge: bis zu 3 m
Gewicht: bis zu 45 kg

ROBERT BAKKER

Der christliche Paläontologe Dr. Robert Bakker liebt es, mehr über Dinosaurier herauszufinden, besonders über Raptoren. Er sagt: „Knochen und Steine sind redegewandte Geschichtenerzähler, wenn man weiß, wie man ihnen zuhört."

WARUM HAT GOTT FLEISCHFRESSER GEMACHT?

Nicht immer gefällt uns die Idee, dass Tiere sich gegenseitig fressen, aber wie denkt Gott darüber? Die Bibel sagt uns nicht, warum es Fleischfresser gibt, aber sie sagt, dass Gott Futter für sie bereitstellt und alle seine Geschöpfe liebt.

Fleischfresser sind tatsächlich sehr wichtig. Wenn ein Tier gefressen wird, sei es von einem riesigen Dinosaurier oder einer kleinen Fliege, enden die **Nährstoffe** in seinem Körper schließlich im Boden, wo sie neues Leben für Pflanzen und Tiere ermöglichen.

EINE BESSERE ZUKUNFT?

Es ist schwer, zu verstehen, warum Gott die Welt so gemacht hat. Die Bibel sagt, dass die Dinge noch nicht perfekt sind – ihre Schreiber sprechen davon, dass die Schöpfung auf eine bessere Zukunft wartet. Sie sagt auch, dass die Schöpfung eines Tages neu und besser gemacht wird, als wir uns das vorstellen können, weil **Jesus** gestorben und wieder auferstanden ist. Dann gibt es keine Schmerzen mehr, keinen Tod oder Leid. Das bedeutet wohl auch, dass Fleischfresser kein Fleisch mehr fressen werden.

Wir wissen, dass Gott seine ganze Schöpfung liebt, also können wir seinem Versprechen vertrauen, dass es für alle Geschöpfe wundervoll wird, auch für die jetzigen Fleischfresser und ihre Beutetiere.

Aller Augen sehen auf dich und warten auf Hilfe; du gibst ihnen Nahrung, wenn es nötig ist.
Psalm 145,15

ARCHAEOPTERYX

Wie manche andere fleischfressende Theropoden hatte *Archaeopteryx* [sprich: Archäopterüx] scharfe Zähne und Klauen an Fingern und Zehen. Er war zwar nicht groß wie der T-Rex und kein furchteinflößender Rudeljäger wie der *Velociraptor,* aber *Archaeopteryx* war einer der ersten gefiederten Dinosaurier, die je gefunden wurden. Fossilien zeigen, dass er einen langen, gefiederten Schwanz hatte, gefiederte Hinterbeine und Flügel zum Fliegen oder Gleiten. Er war wohl nicht so gut im Fliegen wie viele heutige Vögel, aber Wissenschaftler denken, dass er kurze Distanzen fliegen konnte.

Gattung: Archaeopteryx
Wann: Oberjura
Länge: bis zu 0,5 m
Gewicht: bis zu 1 kg

Gattung: Sinosauropteryx
Wann: Unterkreide
Länge: bis zu 1,1 m
Gewicht: bis zu 1 kg

SINOSAUROPTERYX

In den 1990ern fand ein Landwirt in China ein Fossil des ältesten gefiederten Dinosauriers, das je entdeckt wurde: *Sinosauropteryx.* Dieser kleine Theropode hatte ungewöhnlich kurze Arme und einen sehr langen Schwanz. Seine Federn waren einfach und hätten nicht ausgereicht, um zu fliegen oder zu gleiten. Aber das Fossil war so gut erhalten, dass Wissenschaftler sogar Streifen auf seinem langen Schwanz erkennen konnten, die ihm vermutlich dabei halfen, sich zu tarnen.

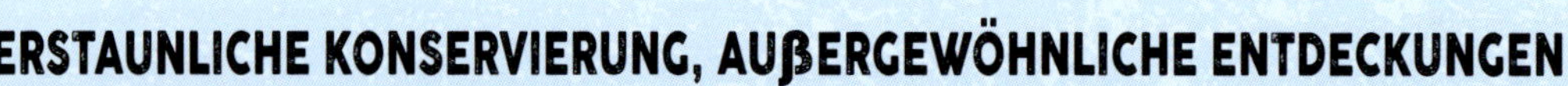

ERSTAUNLICHE KONSERVIERUNG, AUßERGEWÖHNLICHE ENTDECKUNGEN

Die Entdeckung von *Sinosauropteryx* brachte viele Paläontologen nach Liaoning in China, um nach ähnlichen Fossilien zu suchen. Was sie fanden, war außergewöhnlich! Asche und Schlamm von Vulkanausbrüchen hatten über Jahrmillionen hinweg viele Pflanzen und Tiere konserviert, darunter auch die Teile, die normalerweise verrotten, wie Federn. Viele der gefiederten Dinosaurier, die wir kennen, wurden in Liaoning gefunden. Wissenschaftler halten es inzwischen für wahrscheinlich, dass viele, vielleicht sogar alle Theropoden in irgendeiner Weise Federn hatten.

YUTYRANNUS

Yutyrannus ist einer der größten gefiederten Dinosaurier, die bisher gefunden wurden. Wie viele andere konnte auch er nicht fliegen. Seine Arme waren nicht wie Flügel gebaut – viel zu klein. Warum entwickelten sich diese flugunfähigen Theropoden also so, dass sie Federn bekamen? Vielleicht halfen die Federn ihnen dabei, warm zu bleiben oder andere Tiere zu beeindrucken, wie bei farbenprächtigen Vögel heutzutage ... oder beides. Wir brauchen mehr Hinweise, um es mit Sicherheit sagen zu können.

Gattung: Yutyrannus
Wann: Unterkreide
Länge: bis zu 9 m
Gewicht: 1.400 kg

CAIHONG

Dieser entengroße Theropode hatte einen langen, schmalen Kopf mit einem Knochenkamm, bandartige Federn und Schwanzfedern. Aber das ist nicht das Erstaunlichste an diesem Dinosaurier. Unglaublich gut erhaltene Fossilien und kluge Wissenschaftler haben gezeigt, dass seine Federn im Licht schimmerten wie bei einem Kolibri. Es überrascht daher nicht, dass „Caihong" das chinesische Wort für „Regenbogen" ist.

Gattung: Caihong
Wann: Oberjura
Länge: bis zu 0,4 m
Gewicht: bis zu 0,5 kg

Gott hat so schöne Kreaturen geschaffen. Welche magst du am liebsten?

Die pflanzenfressenden Sauropoden sind die größten Dinosaurier, die bisher gefunden wurden, und sie waren vermutlich die größten Lebewesen, die je auf der Erde gelebt haben. Manche der heutigen Wale sind zwar schwerer (mehr als 100.000 Kilogramm), aber zu den Sauropoden gehören die längsten Tiere, die je entdeckt wurden.

Die riesigen Sauropoden waren Echsenbeckensaurier. Nebeneinander gefundene Fossilien zeigen, dass manche von ihnen, darunter *Apatosaurus, Camarasaurus* und *Diplodocus,* im Oberjura gemeinsam in Nordamerika lebten. Vielleicht grasten sie fröhlich zusammen in Herden – was für ein unglaublicher Anblick muss das gewesen sein!

APATOSAURUS

Apatosaurus bedeutet „trügerische Echse". Er bekam diesen Namen, weil manche seiner Knochen ein wenig aussehen wie die von Mosasauriern – riesigen altertümlichen Meeresreptilien (siehe Seite 50).

Gattung: Apatosaurus
Wann: Oberjura
Länge: bis zu 23 m
Gewicht: bis zu 35.000 kg

SANFTER RIESE

Apatosaurus war riesig! Er reiste in Herden umher, fraß die höchsten Blätter in den Wäldern und war zu groß, um einen Angriff von irgendeinem lebenden Wesen zu fürchten – nicht einmal von *Allosaurus*.

CAMARASAURUS

Camarasaurus („Gekammerte Echse“) bekam seinen Namen wegen der riesigen Öffnungen (Kammern) in seinen Wirbeln (Rückenknochen). Diese Öffnungen, die wir auch bei vielen anderen Dinosauriern sehen können, enthielten vermutlich „Luftsäcke“, die mit der Lunge verbunden waren. Viele heutige Vögel haben solche Luftsäcke, um viel Sauerstoff in ihre Körper zu bekommen. Die Öffnungen machen außerdem ihre Knochen leichter. So etwas wäre für diese riesigen Dinosaurier natürlich sehr vorteilhaft gewesen.

Gattung: Camarasaurus
Wann: Oberjura
Länge: bis zu 20 m
Gewicht: bis zu 15.000 kg

DIPLODOCUS

Diplodocus ist einer der berühmtesten Sauropoden. Viele Jahre war er der längste Dinosaurier, der je entdeckt wurde (gehe eine Seite weiter, um noch größere Entdeckungen zu sehen). Manche Wissenschaftler denken, dass er seinen Schwanz wie eine Peitsche schwingen konnte, um Raubtiere wie den *Allosaurus* abzuwehren.

Gattung: Diplodocus
Wann: Oberjura
Länge: bis zu 26 m
Gewicht: bis zu 20.000 kg

DIE GRÖẞTEN LANDTIERE

Das größte Landtier heutzutage ist der Afrikanische Elefant, aber er wird nur bis zu 7 Meter lang und wiegt ungefähr 6.000 kg. Das ist nicht mal halb so groß wie manche dieser gigantischen Dinosaurier!

Diplodocus

Diese spektakulären Sauropoden waren wirklich groß und mächtig. Kannst du dir vorstellen, wie viel größer und mächtiger Gott sein muss, der sie geschaffen hat?

Weißt du es denn nicht? Hast du denn nicht gehört? Der Herr ist ein ewiger Gott, der Schöpfer der ganzen Erde. Er wird nicht matt oder müde. Sein Verstand ist unergründlich.
Jesaja 40,28

LEDUMAHADI

2018 verkündeten Paläontologen, dass sie in Südafrika einen neuen Dinosaurier entdeckt hatten. Sie nannten ihn *Ledumahadi*, das bedeutet „riesiger Donnerschlag" in Sesotho, einer der südafrikanischen Sprachen. *Ledumahadi* war kein Sauropode, aber ein naher Verwandter. Dieser Echsenbeckensaurier ist das größte Landtier aus dem Unterjura, das bisher entdeckt wurde, ungefähr doppelt so groß wie die größten heute lebenden Elefanten. *Ledumahadi* ist besonders interessant, weil seine Beine anders sind als die seiner Sauropoden-Cousins. Dadurch können wir untersuchen, wie sich Beine weiterentwickelt haben, um riesige, schwere Dinosaurier zu tragen.

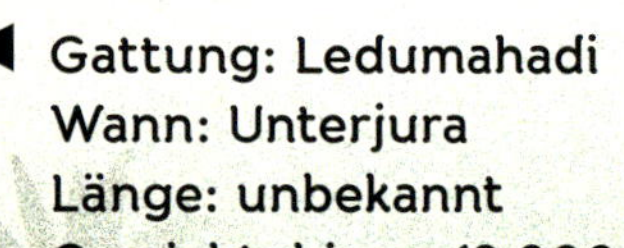

Gattung: Ledumahadi
Wann: Unterjura
Länge: unbekannt
Gewicht: bis zu 12.000 kg

PATAGOTITAN

2017 gaben Paläontologen dem vermutlich größten je entdeckten Sauropoden seinen Namen. Es ist ungewöhnlich, vollständige versteinerte Skelette von so riesigen Tieren zu finden, da im Laufe der Zeit oft Teile verloren gehen. Aber die Überreste von *Patagotitan* (gefunden in Patagonien in Argentinien) waren überraschend vollständig und helfen Wissenschaftlern dabei, diese enormen Kreaturen besser zu verstehen.

Gattung: Patagotitan
Wann: Oberkreide
Länge: bis zu 31 m
Gewicht: bis zu 64.400 kg

O Herr, mein Gott! Durch deine große Macht und auf deinen Befehl hin wurden Himmel und Erde geschaffen. Dir ist nichts unmöglich!
Jeremia 32,17

WIE WURDEN DIESE DINOSAURIER SO RIESIG?

Gottes besonderer Prozess der Evolution bedeutet, dass jedes neue Lebewesen ein bisschen anders ist als seine Eltern. Im Laufe der Zeit werden viele kleine Veränderungen zu großen Veränderungen. Im Fall der beeindruckenden Sauropoden ist ein solch „großer" Unterschied, wie *groß* sie sind! Aber welche kleinen Unterschiede haben ihnen dabei geholfen, nach und nach so groß zu werden?

LANGE HÄLSE

Selbst manche der kleineren frühen Sauropoden hatten ziemlich lange Hälse. Dadurch konnten sie Futter erreichen, an das andere nicht herankamen. Wir wissen auch, dass sie große Mengen Futter schnell schluckten, ohne zu kauen. Diese beiden Eigenschaften könnten Sauropoden dabei geholfen haben, genügend Futter zu bekommen, um größere Körper zu ernähren.

Interessant!

Sauropoden waren wirklich groß. Aber es ist schwer, aus den Fossilien abzulesen, wie beweglich ihre langen Hälse waren und wie hoch sie damit tatsächlich kamen.

GRÖẞER UND GRÖẞER

Wie auch wir wachsen die meisten Tiere in relativ kurzer Zeit heran und behalten dann lange ein und dieselbe Größe. Aber viele Dinosaurier wuchsen über einen sehr viel längeren Zeitraum immer weiter – manche dieser gigantischen Sauropoden für 30 bis 40 Jahre!

Beinknochen eines Patagotitan

TIEFER ATEM

Wissenschaftler denken, dass viele Dinosaurier ein besonderes Atemsystem hatten (siehe Camarasaurus, Seite 45), das es ihnen erlaubte, viel Sauerstoff aufzunehmen. Kleineren Dinosauriern half das vermutlich dabei, flinker zu sein. Aber eine gute Luftzufuhr könnte auch riesigen Körpern dabei geholfen haben, genug Sauerstoff zu bekommen.

Diese und andere Unterschiede sorgten gemeinsam dafür, dass die Sauropoden immer größer werden konnten. Und weil ihre Größe ihnen dabei half, vor den meisten Fleischfressern sicher zu sein, ist dies ein Merkmal der Gruppe der Sauropoden, das mit der Zeit immer stärker wurde.

Gottes fantasiereiche Schöpfung ist voll solcher wundersamer Kreaturen. Ist es nicht toll, wie viel wir durch sein Geschenk der Wissenschaft über sie lernen können? Lies weiter, um mehr über die Tiere zu erfahren, die zur gleichen Zeit wie die Dinosaurier lebten.

Die Dinosaurier lebten im Mesozoikum nicht alleine. Zwar gab es noch keine Menschen, aber viele andere Arten von Lebewesen.

DINOSAURIER-GEFÄHRTEN

Die Dinosaurier teilten sich das Land mit anderen Tieren, darunter krabbelnde Insekten, schleichende Eidechsen und sogar pelzige frühe Säugetiere. Die Seen, Flüsse und Meere waren ebenfalls voller Leben, wie Wasserinsekten, Schalentiere und andere **Wirbellose** (Tiere ohne Wirbelsäule).

Es gab auch beeindruckende Raubtiere mit tollen Namen, wie *Koolasuchus, Gobiops* und *Xenobrachyops.* Diese altertümlichen Kreaturen waren Vorfahren heutiger Amphibien (wie Frösche und Salamander). Sie lebten so ähnlich wie Krokodile und waren im flachen Wasser vermutlich gefährliche Jäger.

Koolasuchus

ES WIRD FISCHIG

Massen an Fischen durchzogen die mesozoischen Meere. Es ist genauso geheimnisvoll und schwierig, etwas über sie herauszufinden, wie über die Dinosaurier.

Leedsichthys, ein riesiger Schwimmer aus der Jurazeit, wurde zuerst versteinert in Peterborough in England gefunden. Bisher wurden nur Fragmente von Skeletten gefunden, aber er könnte bis zu 16 Meter lang gewesen sein.

IN DER TIEFE VERBORGEN

Ein anderer mysteriöser Fisch ist der Quastenflosser. In den 1830ern fanden Paläontologen die ersten Fossilien dieses etwa 2 Meter langen Fisches, von dem wir heute wissen, dass er vor über 400 Millionen Jahren gelebt hat. Es schien so, als sei der Quastenflosser seit Jahrmillionen ausgestorben wie die meisten altertümlichen Lebewesen. Aber 1939 entdeckte die Museumsdirektorin Marjorie Courtenay-Latimer, dass ein afrikanischer Fischer einen lebenden Quastenflosser gefangen hatte. Die Paläontologen waren erstaunt. Nach all dieser Zeit war der Quastenflosser nicht ausgestorben. Manche Arten gibt es bis heute!

DAS PRÄHISTORISCHE MEER

MEERESREPTILIEN

Eine ganze Bandbreite von mesozoischen Tieren waren Meeresreptilien, darunter Gruppen, von denen du vielleicht schon gehört hast, wie Ichthyosaurier, Mosasaurier und Plesiosaurier. Sie waren Reptilien, aber keine Dinosaurier. So wie Wale und Delfine von Landsäugetieren abstammen, lebten die Vorfahren dieser Meeresreptilien an Land, bevor ihnen viele kleine Veränderungen über viele Generationen hinweg dabei halfen, sich an das Leben im Wasser anzupassen.

Mosasaurus

MOSASAURIER

Mosasaurier waren furchteinflößende Raubtiere in den späten kreidezeitlichen Ozeanen. Diese bis zu 17 Meter langen Meeresungeheuer fraßen Haie, Schildkröten, Fische, Tintenfische und so ziemlich alles, was sie wollten – sogar kleinere Mosasaurier! Wie andere Meeresreptilien mussten sie an der Wasseroberfläche Luft schnappen, aber vermutlich kamen sie nie an Land.

Lobt den Herrn auf der Erde, ihr Fische des Meeres und ihr tiefen Ozeane.
Psalm 148,7

WASSERGEBURT

Paläontologen haben herausgefunden, dass zumindest manche Mosasaurier und Ichthyosaurier lebende Junge zur Welt brachten, statt Eier zu legen. Sie denken auch, dass manche Plesiosaurier sich sogar um ihren Nachwuchs kümmerten.

MARY ANNING – FOSSILIENJÄGERIN

Mary Anning wuchs im frühen 19. Jahrhundert an der Küste von Dorset auf – ein hervorragender Ort, um in England Fossilien zu finden. Sie begann, nach Fossilien zu suchen (die man damals „Kuriositäten" nannte), um sie an Touristen zu verkaufen. Sehr bald wurde sie zu einer Expertin. Sie fand ein paar der ersten Ichthyosaurier, Pterosaurier und das allererste vollständige Fossil eines Plesiosauriers.

FAMILIE UND GLAUBE

Mary Anning konnte nicht zur Schule gehen, weil ihre Familie arm war. Doch sie war Christin und lernte in der Kirche lesen und schreiben. Damals durften Frauen nicht an der Universität studieren, aber sie las wissenschaftliche Artikel und lernte dadurch viel über altertümliche Lebewesen und die Fossilien, die sie hinterließen.

Mary Annings Glaube war ihr sehr wichtig. Sie verbrachte viel Zeit damit, über Gott nachzudenken, die Bibel zu lesen und die Welt zu erforschen, die Gott gemacht hatte.

NEUE ENTDECKUNGEN, NEUE GEDANKEN

Ihre Entdeckungen halfen Wissenschaftlern, zu verstehen, wie die Dinge sich über die Zeit hinweg verändert haben und dass verschiedene Lebewesen zu verschiedenen Zeiten gelebt haben. Das war damals ein ganz neuer Gedanke.

ERINNERUNG AN MARY ANNING

Mary Annings Arbeit hat die Wissenschaft für immer verändert. Einige ihrer Fossilienfunde sind noch heute in Museen zu sehen. Für viele von Mary Annings Entdeckungen wurden allerdings Männer gelobt, die Mary Anning noch nicht einmal in ihren wissenschaftlichen Arbeiten erwähnten. Doch nach ihrem Tod wurde in der örtlichen Kirche ein Buntglasfenster mit Bildern von Mary Anning und ihren Fossilien angebracht, um an sie zu erinnern und daran, wie sie zu unserem wissenschaftlichen Verständnis von Gottes Welt beigetragen hat.

Interessant!
Mary Anning wurde 2010 von der Royal Society in eine Liste der zehn für die moderne Wissenschaft wichtigsten britischen Frauen aufgenommen.

ICHTHYOSAURUS

Ichthyosaurier waren eine Gruppe von delfinähnlichen Meeresreptilien. Viele verschiedene Arten lebten zwischen der Untertrias (frühen Trias) und der Oberkreide. Frühe Ichthyosaurier waren ungefähr so lang, wie ein erwachsener Mann groß ist, aber spätere Arten wurden viel größer. Der Shonisaurus wurde zum Beispiel 21 Meter lang – so lang wie ein U-Boot!

Herr, welche Vielfalt hast du geschaffen! In deiner Weisheit hast du sie alle gemacht. Die Erde ist voll von deinen Geschöpfen. Da ist der Ozean, groß und weit, in dem es von Leben aller Art wimmelt, von großen und kleinen Tieren.
Psalm 104,24-25

Shonisaurus

SCHARFÄUGIGE SCHWIMMER

Jahrmillionen sind vergangen, seit Ichthyosaurier durch die Meere schwammen, aber Fossilien geben uns unglaubliche Einblicke in ihr Leben. Es ist anzunehmen, dass sie nachts oder vielleicht in den dunklen Tiefen des Ozeans gut jagen konnten, weil viele Fossilien von Ichthyosauriern zeigen, dass sie riesige Augen hatten, die von besonderen Knochenringen geschützt wurden. Ihre Augen waren größer als Fußbälle – und größer als die Augen aller bekannten **Wirbeltiere**.

WANN IST EIN DELFIN KEIN DELFIN?

Ichthyosaurier und Delfine sehen sich ähnlich, aber im Stammbaum der Tiere sind sie weit voneinander entfernt. Ichthyosaurier sind Reptilien und Delfine Säugetiere. Die kleinen Veränderungen, die im Evolutionsprozess passieren, führen dazu, dass sich Tiere in ähnlichen Lebensräumen ähnlich sehen, auch wenn sie nicht nah miteinander verwandt sind. Wir nennen das „**konvergente Entwicklung**". Bei Delfinen und Ichthyosauriern haben kleine Veränderungen in beiden Gruppen dazu geführt, dass sie einen stromlinienförmigen Körper, lange Nasen, spitze Zähne, schwimmflossenförmige „Arme", verkümmerte Hinterbeine und andere ähnliche Eigenschaften entwickelten.

PLESIOSAURIER

Elasmosaurus ist einer der bekanntesten Plesiosaurier. Er hatte einen langen Schwanz und einen noch viel längeren Hals, der etwa sieben Meter lang war. Er ist mit 72 Halswirbeln eines der langhalsigsten Tiere, die je gefunden wurden – Menschen haben nur sieben.

Elasmosaurus wurde von Edward Drinker Cope entdeckt (siehe Seite 23). Das erste Bild, das Edward Drinker Cope von Elasmosaurus zeichnete, zeigte den Kopf am falschen Ende! Später zeichnete er ein neues Bild, nachdem Wissenschaftler das Fossil eingehend studiert und den Fehler erkannt hatten.

Gattung: Elasmosaurus
Wann: Oberkreide
Länge: bis zu 13 m
Gewicht: bis zu 13.600 kg

GROẞER KOPF ODER LANGER HALS?

Plesiosaurier unterteilten sich in zwei Untergruppen. Die Pliosaurier, wie *Pliosaurus funkei* (auch bekannt als „Monster von Spitzbergen"), hatten einen großen Kopf, einen kurzen Hals und starke Schwimmflossen.

Gattung: Pliosaurus
(Art: funkei)
Wann: Oberjura
Länge: bis zu 13 m
Gewicht: unbekannt

Die eigentlichen Plesiosaurier, wie *Elasmosaurus,* hatten einen kleinen Kopf und einen viel längeren Hals. Viele Varianten dieser Form hatten große Vorderflossen zum Schwimmen, aber verglichen mit den Pliosauriern waren sie eher langsam und jagten nur kleine Meerestiere.

DER PRÄHISTORISCHE HIMMEL

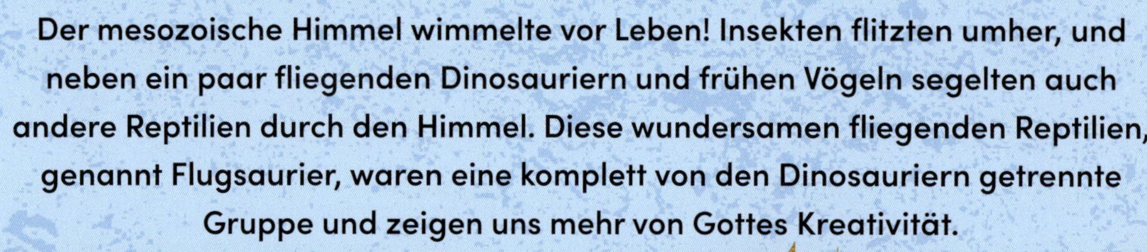

Der mesozoische Himmel wimmelte vor Leben! Insekten flitzten umher, und neben ein paar fliegenden Dinosauriern und frühen Vögeln segelten auch andere Reptilien durch den Himmel. Diese wundersamen fliegenden Reptilien, genannt Flugsaurier, waren eine komplett von den Dinosauriern getrennte Gruppe und zeigen uns mehr von Gottes Kreativität.

Gattung: Pterodactylus
Wann: Oberjura
Flügelspannweite: bis zu 1,5 m
Gewicht: bis zu 0,8 kg

PTERODACTYLUS

Pterodactylus ist einer der ersten Flugsaurier, die gefunden wurden. Er war sehr klein für einen Flugsaurier und hatte einen langen Schnabel voller kleiner, scharfer Zähne. Dieser half ihm wahrscheinlich dabei, Fische und andere kleine Lebewesen zu jagen. Wie bei anderen Flugsauriern erinnerten seine Flügel eher an die von Fledermäusen statt die von Vögeln, mit gespannter Haut und Muskeln, die einen besonders langen Finger mit einem Hinterbein verbanden.

AUFFALLENDE UNTERSCHIEDE

Manche Flugsaurier waren so klein wie Amseln, andere waren Giganten des Himmels. Sie alle hatten verschiedenförmige Kämme auf dem Kopf. Manche fraßen Insekten, Früchte oder Landtiere. Andere hatten Schnäbel mit nadelartigen Zähnen, um Fische zu fangen. Wieder andere hatten Filter (wie die Barten eines Wals), um kleine Käfer und Krebse aus dem Wasser zu filtern. Manche Flugsaurier konnten vielleicht sogar schwimmen.

FELLFLIEGER

Viele Fossilien von Flugsauriern zeigen eine flaumige Körperbedeckung, die sich von Säugetierhaaren und Vogelfedern unterscheidet und „Pyknofasern" genannt wird. Wissenschaftler nehmen an, dass Pyknofasern den Flugsauriern halfen, warm zu bleiben.

Der ganze Himmel, die Erde und alles, was auf ihr ist, gehören dem HERRN, deinem Gott.
5. Mose 10,14

QUETZALCOATLUS

Quetzalcoatlus ist eines der größten fliegenden Lebewesen, die je entdeckt wurden. Seine riesigen Flügel ließen ihn gleiten wie einen riesigen Adler. Manche sind der Meinung, dass *Quetzalcoatlus* schneller war als ein Gepard und eine Woche lang ohne Pause fliegen konnte.

Gattung: Quetzalcoatlus
Wann: Oberkreide
Flügelspannweite: bis zu 11 m
Gewicht: bis zu 500 kg

Gattung: Rhamphorhynchus
Wann: Oberjura
Flügelspannweite: bis zu 2 m
Gewicht: bis zu 0,3 kg

RHAMPHORHYNCHUS

Rhamphorhynchus und seine Verwandten hatten nicht einfach nur Flügel. Auch ihre Hinterbeine waren durch gespannte Haut und Muskeln miteinander verbunden, damit sie besser fliegen konnten. Dadurch waren sie vermutlich ungeschickt beim Laufen, aber ihre starken Klauen lassen darauf schließen, dass sie eher auf Bäumen herumkletterten, als am Boden zu gehen.

NEMICOLOPTERUS

Das einzige Fossil von *Nemicolopterus*, das bisher gefunden wurde, ist sehr klein. Wissenschaftler denken, dass das Tier fast ausgewachsen war. *Nemicolopterus* könnte daher einer der kleinsten Flugsaurier sein, die je entdeckt wurden.

Gattung: Nemicolopterus
Wann: Unterkreide
Flügelspannweite: bis zu 0,25 m
Gewicht: unbekannt

FLUGSAURIERNESTER

Flugsaurier legten offenbar empfindliche, weichschalige Eier. Diese versteinern nicht so gut, weshalb es nicht viele Fossilien gibt. Wissenschaftler denken, dass manche Flugsaurier in großen Kolonien nisteten und ihre Eier womöglich vergruben, wie viele heutige Reptilien es tun. Frisch geschlüpfte Flugsaurier waren am Anfang wohl noch flugunfähig und mussten von ihren Eltern versorgt werden. Es finden sich jedoch auch Hinweise darauf, dass sie schon bald nach dem Schlüpfen laufen, fliegen und sich selbst versorgen konnten.

Das Mesozoikum war voller unglaublicher Tiere. Aber schon vor den Dinosauriern verwendete Gott seinen klugen Evolutionsprozess, um die Erde mit vielen verschiedenen Lebewesen zu füllen.

FRÜHE EUPELYCOSAURIA

Vor dem Mesozoikum, dem Zeitalter der Dinosaurier, beherrschten im Perm frühe Eupelycosauria wie *Dimetrodon* die Erde.

Verglichen mit vielen Dinosauriern waren *Dimetrodon* und seine Verwandten recht langsam. Ihre Beine waren nach außen gespreizt wie bei einer Eidechse, während Dinosaurier (wie die heutigen Säugetiere) aufrecht standen und ihre Beine näher am Körper hatten, was besser geeignet ist zum Rennen und Wenden.

KALTBLÜTIG

Eupelycosauria waren vermutlich kaltblütig – wie Schlangen, Schildkröten, Krokodile und andere heutige Reptilien – und mussten in der Sonne sitzen, um warm und aktiv zu werden.

Aber diese frühen Eupelycosauria waren weder mit den heutigen Reptilien noch mit den Dinosauriern nahe verwandt. Sie lebten lange vor den Dinosauriern und waren tatsächlich die Vorfahren der heutigen Säugetiere!

Dimetrodon

THERAPSIDEN

Eine interessante Gruppe von Eupelycosauria waren die Therapsiden, die wahrscheinlich etwa 20 Millionen Jahre vor den Dinosauriern in Erscheinung traten. Wenn wir erforschen, wie diese faszinierenden Tiere sich über die Zeit hinweg entwickelt haben, sehen wir einige der kleinen Veränderungen, die unsere heutigen Säugetiere geformt haben. Von Generation zu Generation standen die Beine mancher Arten von Therapsiden immer näher an ihrem Körper und sie wurden immer mehr wie warmblütige Tiere. Ihre Zähne waren mehr und mehr wie die heutiger Hunde oder Löwen angeordnet. Manche von ihnen hatten sogar Fell.

Frühe Therapsiden gab es in allen Formen und Größen.

ANTEOSAURUS

Einer der größten, die gefunden wurden, war *Anteosaurus,* der über 5 Meter lang wurde.

CISTECEPHALUS

Cistecephalus war viel kleiner, weniger als 60 cm lang, und verwendete seine starken Vorderbeine, um Erdlöcher zu graben.

CYNODONTIA

Die Cynodontia waren eine hundeähnliche Gruppe der Therapsiden. Ihre Fossilien wurden in Afrika, Asien, Europa, Nordamerika, Südamerika und sogar in der Antarktis gefunden. Viele dieser bemerkenswerten Kreaturen lebten zeitgleich mit den Dinosauriern. Manche sahen vielleicht heutigen Tieren sehr ähnlich.

OLIGOKYPHUS

Oligokyphus war ein pflanzenfressender Cynodont, der einem Wiesel sehr ähnlich war.

THRINAXODON

Der fuchsgroße *Thrinaxodon* war ein Fleischfresser, der vermutlich Insekten und kleine Pflanzenfresser aß und womöglich Fell hatte.

CYNOGNATHUS

Cynognathus und einige andere hatten vielleicht sogar Schnurrhaare.

Interessant!
Cynodontia heißt wörtlich „Hundezähner".

Wir wissen, dass alle Säugetiere, vom Elefanten bis zur Maus, Teil dieser Gruppe sind. Durch Gottes kreative Prozesse haben viele kleine Veränderungen über viele Generationen hinweg zu einer spannenden Vielfalt unter den Cynodontia geführt.

DINOS – DAS ENDE?

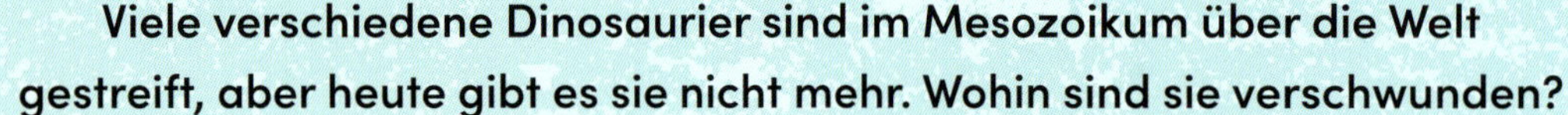

Viele verschiedene Dinosaurier sind im Mesozoikum über die Welt gestreift, aber heute gibt es sie nicht mehr. Wohin sind sie verschwunden?

Die meisten starben vor etwa 66 Millionen Jahren aus, gemeinsam mit vielen anderen Lebewesen.

AUSSTERBEN: ENDE UND ANFANG

Der Evolutionsprozess führt dazu, dass in jedem Moment eine einzigartige Kombination von Lebewesen auf der Erde zu finden ist. Kleine Veränderungen häufen sich im Laufe der Zeit an und sorgen dafür, dass Lebewesen sich so sehr von ihren Vorfahren unterscheiden, dass sie zu einer ganz neuen Art gehören. Wenn es keine Tiere mehr von einer bestimmten Art gibt, nennt man das „aussterben".

Manchmal sterben Arten aus, weil ihr Lebensraum sich zu schnell verändert oder zu viele von ihnen auf einmal sterben, sodass es nicht mehr genügend Nachkommen gibt. Das klingt sehr traurig. Aber die Geschichte der Erde ist voll von neuen Arten, sodass die wundervolle Vielfalt des Lebens auf der Erde immer größer wird.

Der Herr ist gnädig und barmherzig, geduldig und voller Gnade. Der Herr ist gut zu allen Menschen und barmherzig zu seiner ganzen Schöpfung.
Psalm 145,8-9

MENSCHLICHE VERANTWORTUNG

Es gab noch keine Menschen, als die Dinosaurier ausstarben, aber wir haben einen großen Einfluss auf die Welt heute. Traurigerweise sind wir Menschen mit Gottes Schöpfung so umgegangen, dass in den letzten Jahrhunderten viele Arten ausgestorben sind und es für neue Arten schwerer ist, gut zu gedeihen. Gott möchte, dass die Menschen sich gut um seine Schöpfung kümmern, deshalb ist es wichtig, dass wir unsere Aufgabe ernst nehmen.

MASSEN-AUSSTERBEN

Im Laufe der Zeit gab es Tausende von Dinosaurierarten. Einige starben auf die „übliche" Weise aus. Manchmal führen auch unübliche Ereignisse dazu, dass viele Arten auf einmal aussterben. Wir nennen das „Massenaussterben".

Vor etwa 66 Millionen Jahren vernichtete solch ein Ereignis ungefähr 75 Prozent allen Lebens auf der Erde, darunter auch alle Dinosaurier.

BLÜTEZEIT FÜR ÜBERLEBENDE

Arten, die Massenaussterben überleben, können sich weiterentwickeln und schnell ausbreiten, da es weniger Konkurrenz als sonst gibt. Tatsächlich wären die Dinosaurier vielleicht nie so vielfältig geworden und hätten nie Jura und Kreidezeit beherrscht, hätte es nicht auch am Ende der Trias ein Massenaussterben früherer Lebewesen gegeben.

WARUM LIEß GOTT DIE DINOSAURIER STERBEN?

Die Bibel sagt, dass Gott alles liebt, was er erschaffen hat. Deshalb ist es manchmal schwer, zu verstehen, warum er Dinge zu Ende gehen oder sterben lässt.

KREISLÄUFE DES LEBENS

Gott freut sich über alles, was er gemacht hat, auch über seine Dinosaurier, die mehr als 240 Millionen Jahre lang auf der Erde umhergestreift sind. Er ist ein geduldiger Schöpfer und verwendet einen Prozess, der sich über Milliarden von Jahren entfaltet und viel Veränderung beinhaltet. Das ganze Universum basiert auf den Kreisläufen von Leben und Tod, die zukünftiges Leben ermöglichen.

Wenn Sterne nicht nach Jahrmillionen ausbrennen und explodieren würden, gäbe es keinen „Sternenstaub", aus dem Planeten, neue Sterne und sogar das Leben auf der Erde geformt sind! Und wenn Lebewesen nicht sterben und Nährstoffe zurück an den Erdboden geben würden, könnten neue Pflanzen und Tiere nicht leben.

Das Aussterben der Dinosaurier schuf den Raum dafür, dass sich Gruppen von winzigen säugetierartigen Kreaturen entwickeln und die Welt mit Tausenden von Säugetierarten füllen konnten. Ohne das Aussterben der Dinosaurier hätte es wahrscheinlich niemals Wale, Ameisenbären oder sogar Menschen gegeben.

GROßE FRAGEN

Wir wissen nicht wirklich, warum das Universum auf diese Weise funktioniert. Aber wenn wir darüber nachdenken, ist es wichtig, uns daran zu erinnern, dass Gott gut ist. Er versteht Traurigkeit und Schmerz und beides berührt ihn. Und er verspricht, dass eines Tages alles anders sein wird (siehe Seite 41). Wir können ihm vertrauen, während wir diese großen, schwierigen und manchmal auch schmerzhaften Fragen erforschen.

HINWEISE AUF KLIMAWANDEL

Bei jedem Massenaussterben scheinen große oder schnelle Veränderungen im **Klima** eine Rolle gespielt zu haben. Wenn es zu heiß oder kalt wird, sterben viele Pflanzen. Pflanzenfresser finden nicht genug Nahrung, und wenn sie sterben, bleiben auch Fleischfresser hungrig.

Veränderungen im Klima können aus vielen Gründen passieren. Die Oberfläche der Erde besteht aus riesigen gekrümmten Steinplatten, die tektonische Platten genannt werden. Diese Platten bewegen sich sehr langsam und formen Meere, Berge und Inseln. Sie beeinflussen das Wetter und können Erdbeben und Vulkanausbrüche auslösen – alles Dinge, die das Klima verändern können, manchmal sehr schnell.

Auch Lebewesen können einen Einfluss auf das Klima haben. Als Pflanzen begannen, sich zu entwickeln und auf dem Land auszubreiten, veränderten sie die Atmosphäre, indem sie Kohlenstoffdioxid einsaugten und Sauerstoff abgaben. Das führte zu einer „globalen Abkühlung" und veränderte das Leben auf der Erde sehr. Diese frühen Pflanzen wurden zu Fossilien – aber nicht als Stein, sondern als Kohle, Öl und Gas, weshalb wir sie „fossile Brennstoffe" nennen. Heutzutage verwenden Menschen diese Brennstoffe. Das entlässt Kohlenstoff zurück in die Atmosphäre und führt zu „globaler Erwärmung", was wiederum einen großen Einfluss auf das Leben auf der Erde hat.

Wissenschaftler denken, dass beim Massenaussterben der Dinosaurier sowohl Vulkanaktivität als auch atmosphärische Veränderungen beteiligt waren, aber auch etwas anderes eine Rolle spielte …

DER BLICK INS ALL

Normalerweise kommen nur kleine Stücke von Weltraumstaub durch die schützende Atmosphäre der Erde. Aber manchmal schaffen es auch sehr viel größere Weltraumfelsen.

Vor etwa 66 Millionen Jahren schlug ein riesiger, mindestens 10 Kilometer breiter Asteroid (oder vielleicht auch ein Komet) in die Halbinsel Yucatán in Mexiko ein. Der Einschlag verursachte riesige Meereswellen und Waldbrände und warf Unmengen an Staub, Geröll und Gas in die Atmosphäre. Er verursachte auch starke Erdbeben und Vulkanausbrüche, wodurch noch mehr Gas, Staub und Asche hochgeworfen wurden, die die Sonne verdeckten und zu einer extremen Abkühlung führten.

Der Einschlag hat wohl einige Lebewesen sofort getötet. Aber viele Arten starben vermutlich erst nach und nach aus, weil sich das Klima durch den Einschlag so sehr veränderte.

AUF DER SUCHE NACH IRIDIUM

Iridium ist ein silber-weißes Metall, das sehr selten in Steinen auf der Erde zu finden ist, aber häufig in Weltraumgestein. Man findet viel davon in einer dünnen Gesteinsschicht, die die Erde vor etwa 66 Millionen Jahren bedeckte. Wissenschaftler nehmen an, dass diese Gesteinsschicht geformt wurde, als der Staub bei einem riesigen Einschlag in die Atmosphäre geschleudert wurde und sich über die gesamte Erde verteilte.

Unter der Iridiumschicht gibt es viele Dinosaurierfossilien, aber man findet keine in den neueren Schichten darüber. Daraus kann man schließen, dass der Meteoriteneinschlag eine große Rolle beim Aussterben der Dinosaurier spielte.

WAS PASSIERTE ALS NÄCHSTES?

Nicht alle Lebewesen starben vor 66 Millionen Jahren aus. Neben einigen frühen Säugetieren und Vögeln waren unter den Überlebenden Krokodile, Frösche, Schlangen, Eidechsen, Schildkröten, Insekten, Fische, viele Pflanzen und Bakterien. Wissenschaftler denken, dass viele Dinge gemeinsam dafür sorgten, dass sie beschützt wurden – wo sie lebten, was sie aßen und wie gut sie sich selbst warm halten und vor Feinden verstecken konnten. Der Evolutionsprozess sorgte dafür, dass diese überlebenden Gruppen sich über Generationen hinweg weiterentwickelten und die Erde mit allen möglichen neuen Tieren füllten.

Gottes wunderreiche Welt hat so viele tolle Geheimnisse, die wir aufdecken können. Je mehr wir durch die Wissenschaft lernen, desto mehr erkennen wir, wie viel wir noch zu erforschen haben!

Die Taten des Herrn sind wunderbar! Sie geben allen, die Freude an ihnen haben, zu denken.
Psalm 111,2

Geigerzähler

NEUE HILFSMITTEL

In der Vergangenheit mussten Paläontologen sich auf Hammer, Meißel und Schaufel verlassen, um die Dinosaurier zu erforschen. Heute haben wir neue, großartige Hilfsmittel.

Sensoren namens „Geigerzähler" verwenden **Strahlung**smuster, um Fossilien zu entdecken, während sie noch vergraben sind. Es gibt Scanner, die zeigen können, was unter der Oberfläche von Fossilien liegt, ohne dass man sie aufbrechen muss. Spezielle Laser können ein detailreiches Bild von zerbrechlichen Knochen zeichnen. Starke Mikroskope helfen Wissenschaftlern, winzige Zellen in gut erhaltenen Fossilien zu sehen. Und Computer können virtuelle Modelle erschaffen, die uns zeigen, wie Dinosaurier ausgesehen und sich bewegt haben könnten.

NEUE ENTDECKUNGEN

Faszinierende neue Fossilien erzählen uns immer mehr über Dinosaurier.

2020 enthüllten Wissenschaftler die Entdeckung des ersten dreidimensionalen Fossils eines Sauropoden, der noch in seinem Ei steckte! Ein spezieller Scan dieses winzigen Fossils zeigte eine Struktur auf seiner Nasenspitze, die an den Eizahn erinnert, den manche Vogelbabys haben. Der Eizahn hilft ihnen dabei, aus ihren Eierschalen auszubrechen.

2020 fanden Wissenschaftler außerdem einen winzigen, 99 Millionen Jahre alten Schädel, der in Bernstein (das ist versteinertes Baumharz) konserviert worden war. Die Wissenschaftler nannten die Kreatur mit dem Kiefer voller winziger, scharfer Zähne *Oculudentavis* und stellten die Theorie auf, dass es der kleinste bisher entdeckte Dinosaurier sei. Jedoch sind andere Wissenschaftler der Ansicht, dass es eher ein altertümliches echsenartiges Reptil ist und kein Dinosaurier.

Gott sagte: „Ich setze euch über die Fische im Meer, die Vögel in der Luft und alle Tiere, die auf der Erde leben, und vertraue sie eurer Fürsorge an.“
1. Mose 1,28

GOTTES WELT ERKUNDEN

Wir können so viel über Gott lernen, sowohl aus seiner Schöpfung als auch aus der Bibel. Seine Prozesse geben uns zahlreiche Hinweise darauf, wie er alles erschafft. Diese Hinweise finden wir sogar in Steinen! Gott liebt es, uns dabei zuzusehen, wie wir sein Geschenk der Wissenschaft nutzen, um seine Schöpfung zu erforschen.

Die Bibel sagt uns, dass Gott seine Kinder (das sind wir!) darum gebeten hat, für seine Welt und die Lebewesen darauf zu sorgen. Wenn wir mehr über altertümliche Kreaturen wie die Dinosaurier herausfinden, zeigt uns das die spektakuläre Vielfalt der Schöpfung, aber auch, wie sehr sich unser zerbrechliches Erdklima verändern kann. Je mehr wir über das lernen, was Gott geschaffen hat, desto mehr werden wir an Gottes Liebe zu seiner Schöpfung erinnert und an unsere Verantwortung, für sie zu sorgen.

Die Erde wurde von einem liebenden Schöpfer geschaffen. Lasst uns gut darauf aufpassen, sie erforschen und immer mehr über Gottes unglaubliche Schöpfung herausfinden!

Wer weiß, was für tolle Hinweise wir noch über die Tiere finden werden, die vor langer Zeit durch die Schöpfung gewandert sind. Vielleicht willst du ja später einmal selbst in der Wissenschaft arbeiten und mehr herausfinden!

WORTERKLÄRUNGEN

A

Atmosphäre | Die schützende Decke oder Gasschicht um die Erde, einschließlich Sauerstoff und Kohlendioxid, die für das Leben wichtig sind.

B

Bakterien | Winzige Organismen, die jeweils nur aus einer Zelle bestehen und verschiedene Teile der Zellen enthalten, aus denen Organismen wie Pflanzen und Tiere bestehen.

Bibel | Die Bibel ist für Christen das Wort Gottes. Sie beschreibt, wie Gott ist und was er getan hat. In der Bibel kann man von Gottes Plan mit der Welt lesen.

E

Evolution | Der Prozess der Veränderung, durch den das Leben auf der Erde im Laufe der Zeit immer vielfältiger wurde.

Exemplar | Ein einzelnes Tier, eine Pflanze oder ein Gestein, die wir untersuchen können, um mehr über diese und ähnliche Arten zu erfahren.

G

Generation | Eine Stufe im Wachstum einer Familie: Urgroßeltern, Großeltern, Eltern und Kinder gehören jeweils zu einer anderen Generation.

Geologe | Ein Wissenschaftler, der den Planeten und seine Prozesse untersucht, zum Beispiel Felsen, Vulkane und Erdbeben.

J

Jesus | Christen glauben, dass Gott drei „Personen" in einer Person ist: der „Vater", der „Sohn" (Jesus) und der „Heilige Geist". Die Bibel lehrt, dass Jesus auf die Erde gekommen ist, als Mensch gelebt hat, gestorben ist und wieder ins Leben zurückgekehrt ist, damit die Menschen Gott kennenlernen können.

K

Klima | Langfristige allgemeine Wetterbedingungen in einem Gebiet oder auf der ganzen Welt.

Konserviert | Vor dem Verrotten, Verschwinden oder der Zerstörung bewahrt.

Konvergente Entwicklung | Wenn zwei oder mehr Arten, die nicht eng miteinander verwandt sind, unabhängig voneinander ähnliche Merkmale entwickeln.

M

Mikroskop | Ein Werkzeug, mit dem man sehr kleine Dinge vergrößern kann, um sie zu untersuchen.

Mikroskopisch | Etwas, das so klein ist, dass wir ein Mikroskop brauchen, um es richtig zu sehen.

Mumie | Totes Lebewesen, dessen Überreste auf eine besondere Art und Weise konserviert wurden, die verhindert, dass seine Weichteile verrotten.

N

Nachfahren | Die Kinder, Enkel, Urenkel und so weiter eines Lebewesens. Du bist zum Beispiel ein Nachkomme deiner Eltern, Großeltern, Ur-Ur-Ur-Großeltern ...

Nährstoffe | Bestimmte Arten von Chemikalien, aus denen Lebewesen bestehen und die sie essen oder auf andere Weise aufnehmen müssen, um am Leben zu bleiben.

O

Organismus (Plural: Organismen) | Organismus bedeutet „Lebewesen" und schließt Bakterien, Pflanzen, Pilze und Tiere ein.

R

Raubtier | Ein Tier, das andere Tiere jagt und frisst.

Röntgenstrahlen | Eine Art von elektromagnetischer Strahlung, ähnlich wie Licht, mit der Zahnwurzeln, dein Skelett, aber auch das Innere von Fossilien abgebildet werden können.

S

Schöpfung | 1.) Alles, was Gott geschaffen hat. 2.) Der Prozess, mit dem Gott alles erschaffen hat.

Strahlung | Die Bewegung von Teilchen oder Energiewellen, zum Beispiel sichtbares Licht oder Röntgenstrahlen. Einige Formen von Strahlung können mit speziellen Geräten wie Geigerzählern nachgewiesen werden.

U

Urknall | Die Bezeichnung für die derzeit beste wissenschaftliche Erklärung, wie das Universum entstanden ist.

W

Wirbellose | Tiere, die kein Rückgrat (Wirbelsäule) haben, zum Beispiel Würmer und Insekten.

Wirbeltiere | Tiere mit einer Wirbelsäule (Rückgrat), wie Fische, Amphibien, Dinosaurier und Säugetiere.

QUASTENFLOSSER

Hier kannst du sehen, wann die Dinosaurier und anderen Lebewesen aus diesem Buch vermutlich gelebt haben.
Die Zahlen geben an, wie viele Millionen von Jahren das her ist.

FRÜHE LEBEWESEN

Dimetrodon 290–272

Anteosaurus 266–259

Cistecephalus 259–254

großes Massen-aussterben 252

Xenobrachyops 251–247

Thrinaxodon 251–246

erster bislang bekannter Dino-saurier

Nyasasaurus 243

PERM

PALÄOZOIKUM

UNTERTRIAS 252–247

MITT

VÖGEL

Fossilien sind sehr selten. Anhand von Fossilien alles über Dinos zu erklären, ist schwierig. Es ist, als solltest du das Bild eines riesigen Puzzles beschreiben, obwohl Teile fehlen. Doch nach und nach erfahren die Wissenschaftler immer mehr über die Geschichte von Gottes Dinosauriern.

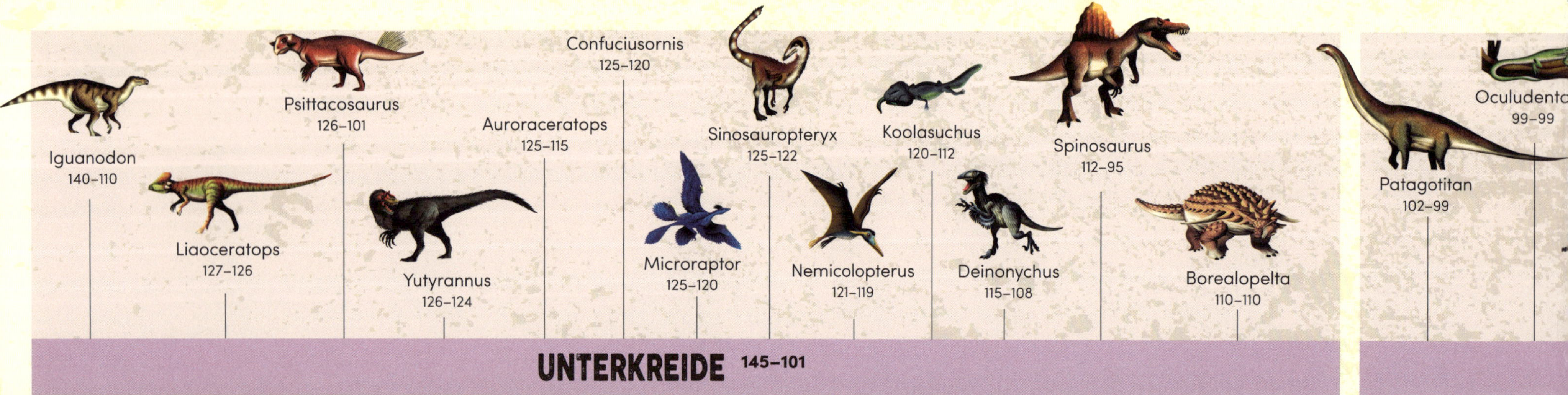